쇼펜하우어의
글쓰기 철학

The Art of Literature

by Arthur Schopenhauer

Korean translation copyright © 2025 UI Books

Originally published as The Art of Literature by Arthur Schopenhauer in 1893 by
S. Sonnenschein & Co., Ltd., London, and The Macmillan Co., New York.

마음을 움직이는 글은
어떻게 탄생하는가

쇼펜하우어의
글쓰기 철학

쇼펜하우어 지음, 오광일 옮김

유아이북스

머리말 | 이 책에 대하여

이 책은 쇼펜하우어의 저서, 《소품과 부록(Parerga und Paralipomena)》에 실린 내용으로 구성되었습니다. 본문에는 여러 가지 주제가 담겨 있는데 글쓰기에 대한 이야기가 큰 비중을 차지합니다. 쇼펜하우어는 철학자일 뿐만 아니라 뛰어난 글을 쓰는 작가였습니다. 독일에서 그의 수준에 필적할 만한 산문 작가는 많지 않을 정도로 특별한 인물이었습니다.

쇼펜하우어는 글쓰기의 형식과 방법에 대해 깊은 통찰력을 보여줍니다. 그의 견해는 지금도 가치가 있습니다. 그는 글쓰기가 단순히 작가의 능력에만 달린 것이 아니라 대중적 인기와 같은 외부의 요인이 중요한 역할을 한다고 설명합니다. 이는 그가 생전에 명성을 얻지 못했던 고통스러운 경험에서 비롯된 이야기이기에 더욱 흥미롭게 다가옵니다.

이 책에서는 문체, 즉 글을 어떻게 쓰는지에 대한 쇼펜하우어의 생각을 확인할 수 있습니다. 그는 과장되거나 헛된 말을 하지 않는 글을 추구했으며, 자신만의 철학과 사고를 강조했습니다. 그의 비평은 자신의 경험에서 나왔고, 천재성에 대한 이야기는 비범한 재능에서 비롯되었습니다.

이 책을 읽는 독자들에게 가장 먼저 하고 싶은 말은, 진정한 글쓰기의 가치를 알고 싶다면 반드시 오래된 고전 작품들을 읽어야 한다는 점입니다.

오늘날에는 성급하게 쓰인 글들이 너무 많아서, 그런 글들을 많이 읽다 보면 나쁜 글쓰기 방식에 익숙해질 위험이 있습니다. 특히 신문, 잡지, 가벼운 소설 같은 글들만 읽는다면 이러한 위험은 더욱 커질 수 있습니다. 현대의 작가들이 잘 쓴 글처럼 보일지라도, 단 한 세대만으로는 그들의 진정한 가치를 평가하기 어렵습니다.

글쓰기도 다른 예술처럼 인간이 창조한 것입니다. 시간이 지나도 감동을 주고, 진리와 아름다움을 담고 있는 글만이 오직 좋은 글로 인정받을 수 있습니다. 그래서 쇼펜하우어는 고대의 고전이 글쓰기의 가장 좋은 본보기라고 강조했습니다.

좋은 글을 쓰기 위한 방법은 일시적인 유행이나 기교를 따라가는 것이 아니라, 위대한 작가들이 그들의 최고작을 완성한 방식을 연구하는 것입니다.

쇼펜하우어가 특별히 새로운 이야기를 하지 않았다고 생각할 수도 있습니다. 실제로 그는 "가장 좋은 진리는 새롭지 않다"라고 말한 적이 있습니다. 그러나 그는 오래된 진리를 신선하고 강렬하게 전달합니다. 진정한 글쓰기를 이해하는 사람이라면 그의 이야기가 지금도 여전히 유효하다는 것을 알 수 있을 것입니다.

- 영문판 번역가인 티 베일리 손더스(T. Bailey Saunders, 19세기 영국의 작가)의 글 중에서

일러두기

원문에서 '문학(Literature)'은 글쓰기 전반을 포괄하며, 창의적 표현뿐 아니라 작가의 태도와 기술적 접근까지 아우르는 맥락에서 사용되었습니다. 이를 한국 독자들에게 더욱 직관적으로 전달하기 위해 '글쓰기'로 번역하였습니다. 이로써 문학이라는 추상적 개념보다는, 글쓰기의 실제적이고 철학적인 본질을 부각하려는 의도를 담았습니다.

차례

제 **1** 장

ON AUTHORSHIP
·
작가의 자격

작가는 두 가지 유형으로 나눌 수 있습니다. 자신의 생각을 표현하기 위해 글을 쓰는 사람과 생계를 위해 글을 쓰는 사람입니다. 어떤 사람은 가치 있는 생각이나 경험을 공유하려 글을 쓰고, 또 다른 사람은 단순히 돈을 벌기 위해 글을 씁니다. 후자의 경우, 글쓰기는 단지 돈벌이의 수단일 뿐입니다. 이들은 자신의 생각을 최대한 늘이고 부풀려 전달하려는 경향이 있습니다. 이런 글은 본질적으로 거짓말의 요소를 포함하거나 비뚤어져 있으며, 때로는 강압적이고 우유부단한 느낌을 줍니다. 게다가 솔직하게 말하기를 꺼리며, 이에 따라 본래 모습과는 다른 인상을 줄 때도 있습니다. 이들의 글은 깔끔하지 못하고 명확하지 않으며, 글쓰기의 목적이 단순히 종이를 글로 채우는 것임이 금세 드러납니다.

이런 경향은 최고의 작가들조차 피하기 어려운 경우가 있습니다. 예를 들어, 레싱(Lessing)의 《드라마투르기(Dramaturgie)》나 장 폴(Jean Paul)의 몇몇 소설에서도 비슷한 한계가 나타납니다.

오직 돈만 벌기 위해 글을 쓰고 저작권을 지나치게 상업화하는 일은 문학의 가치를 손상시킬 위험이 큽니다. 진정한 가치 있는 글은 순수한 주제와 표현에서 비롯됩니다. 문학의 모든 분야에서 소수의 뛰어난 작품들만 존재한다면, 그것이야말로 축복이라고 할 수 있을 겁니다. 그러나 돈을 목적으로 글을 쓰는 한, 이런 축복은 절대 가능하지 않을 것입니다. 이익을 얻기 위해 펜을 종이에 대는 순간, 모든 작가는 마치 '돈의 저주'에 걸린 것처럼 본질에서 멀어지게 됩니다.

위대한 작가들의 최고 작품은 대부분 대가 없이 쓰이거나 아주 적은 보수만 받고 쓴 시절에 탄생했습니다. 스페인 속담인 "명예와 돈은 한 지갑에 담을 수 없다"는 이를 잘 설명합니다. 오늘날 문학이 황폐해진 이유는 많은 작가들이 단지 돈을 위해 글을 쓰기 때문입니다. 궁핍한 사람이 글을 쓰고, 대중이 그런 책을 사는 상황은 문학을 더 나락으로 몰아넣습니다. 이에 따라 언어조차 황폐해지는 이차적 피해도 생깁니다.

특히 실력 없는 작가들은 대중이 새로 출간된 책만 읽는다는 잘못된 믿음에 의존해 생계를 이어갑니다. 이들 중 다수는 저널리스트 (journalists)로 불립니다. 이 호칭은 꽤 적절하지만, 쉽게 표현하자면 '일용직 잡부(journeyman)'에 불과합니다.

작가는 세 가지 부류로 나눌 수 있습니다. 첫 번째는 생각 없이 글을 쓰는 사람들입니다. 이들은 주로 기억과 회상에 의존하며, 다른 사람의 책을 그대로 베끼는 경우도 많습니다. 이들이 차지하는 비중이 가장 크지요. 두 번째는 글을 쓰면서 생각하는 사람들입니다. 이들은 글을 쓰기 위해 생각을 시작하며, 이 부류의 작가도 상당히 많습니다. 마지막으로, 글을 쓰기 전에 먼저 깊이 생각하는 작가들이 있습니다. 이 부류는 가장 드물지요.

두 번째 부류의 작가들은 글을 쓰기 전까지 생각하기를 미룹니다. 이들은 마치 계획 없이 들판으로 나가는 사냥꾼과 같아서, 무언가를 잡아 오는 일이 드뭅니다. 반면, 세 번째 부류의 작가들은 몰이 사냥꾼과 비슷합니다. 이들은 사냥감을 가두고 옮기며 확실히 잡아둔 후, 조준하고 발사하는 일에만 집중합니다. 즉, 생각을 명확히 정리하고 글로 표현하는 데 집중하지요. 이들의 글은 마치 스포츠 경기처럼 무엇인가를 보여줄 수 있는 과정입니다.

글을 쓰기 전에 진지하게 주제를 고민하는 작가는 드물지만, 특히

'주제 그 자체'에 대해 깊이 생각하는 작가는 극히 적습니다. 많은 작가는 주제와 관련된 책이나 다른 사람들이 한 말에만 의존합니다. 이들은 스스로 생각하기보다는 다른 사람의 생각을 통해 자극을 받습니다. 즉, 타인의 생각을 주제로 글을 쓰며, 독창성을 기대하기 어렵습니다. 반면, 자신의 주제에 대해 직접 고민하고 글을 쓰는 작가는 생각과 내용이 서로 영향을 주고받습니다. 이런 작가들만이 지속적인 명성을 얻을 수 있습니다.

물론 여기서 말하는 작가들은 위대한 주제를 다루는 사람들입니다. 단순히 브랜디(brandy)를 만드는 기술 같은 실용적인 주제를 쓰는 사람들과는 다릅니다. 이 점을 이해해 주세요.

글이 저자의 스스로의 관찰을 기반으로 하지 않는다면, 그 글은 읽을 가치가 없습니다. 많은 출판 제작자, 편집자, 평범한 역사 작가 등은 다른 사람들의 책에서 내용을 베껴와 글을 작성합니다. 이들은 그 과정에서 어떤 깊이 있는 노력이나 검토 없이 단순히 내용을 복사해 내는 데 그칩니다. 자신의 책에 담긴 모든 것을 온전히 알고 있다면 그 저자는 정말로 학식이 깊은 사람일 겁니다. 하지만 실제로는 그렇지 않은 경우가 대부분이지요.

이런 글을 쓰는 작가들은 느슨하고 애매한 방식으로 말합니다. 그 결과, 독자들은 글의 흐름을 이해하기 위해 고군분투하지만, 결국

헛수고로 끝나는 경우가 많습니다. 이런 작가들은 실제로 전달할 내용이 거의 없습니다. 때로는 이들이 복사한 책조차 똑같은 방식으로 만들어져, 단순한 복제품에 불과합니다. 이들의 글쓰기는 마치 거푸집을 이용해 석고상을 찍어내는 것과 같습니다. 그 결과, 글의 겉모습은 남아도, 정작 알맹이는 사라지고, 그조차 흐릿하고 알아보기 어려운 상태가 됩니다. 이것이 오늘날 남아 있는 안티누스(Antinous) 석고상의 상태와 비슷하지요.

　다른 책들을 종합해 편집한 책은 가능하면 피하는 것이 좋습니다. 하지만 독서 목록에서 완전히 배제할 수는 없습니다. 예를 들어, 수 세기에 걸쳐 축적된 지식을 한데 모아 정리한 교과서 같은 책들은 여전히 가치가 있습니다.

　새로운 것이 더 정확하고, 이전보다 나아졌으며, 변화는 곧 진보라고 생각하는 것은 큰 착각입니다. 물론, 아이디어가 풍부하고 올바른 판단력을 가진 사람들, 그리고 자신이 다루는 주제에 진정으로 몰두하는 사람들은 예외입니다. 그러나 많은 경우, 기생충처럼 남의 노력과 성과를 이용하려는 사람들이 있습니다. 이들은 아이디어가 풍부한 사람들 근처에 머물며 의견을 받아들이고, 이를 자신의 방식으로 재생산하려 애씁니다.

　사람들은 흔히 과학이 항상 발전하고, 새로 출판된 책이 과거의 책들보다 낫다고 믿습니다. 그래서 가장 최근에 나온 책에만 집착하는 경향이 있습니다. 이는 경계해야 할 습관입니다. 과거의 책을 완전히 이해하지 못한 상태에서 새로운 책을 쓰는 일이 자주 벌어지기 때문입니다. 이런 작가들은 종종 과거의 저자들이 사용한 정확한 단어와 생생한 표현을 무시하거나 훼손합니다. 결과적으로, 과거 저자들의 깊이 있는 통찰력과 최고의 표현들은 사라지거나 왜곡됩니다. 이들은 피상적이고 건조한 것들에만 매력을 느끼고, 진정으로 중요한 요소들을 간과하곤 합니다. 결국, 과거의 책에 담긴 풍부한 가치와 깊이를 제대로 이해하지 못하는 것입니다.

과거에 쓰인 훌륭한 책들이 단지 오래되었다는 이유로 가치 없는 책들에 밀려나는 일이 자주 발생합니다. 특히 이런 책들은 금전적 이익을 목적으로 작성된 경우가 많으며, 그 과정에서 허세와 과장이 넘칩니다. 과학 분야에서는 새로운 무언가를 발표하면서 자신을 과시하려는 사람들이 있습니다. 이들은 자신의 잘못된 개념을 정당화하기 위해 과거에 받아들여졌던 올바른 이론을 공격합니다. 이런 시도가 처음에는 주목받을 수 있지만, 결국 과거의 이론으로 돌아가게 됩니다.

이러한 거짓 혁신가들은 자기 자신에 대해서만 진지하며, 자신의 존재를 강조하려고 애씁니다. 이들이 자주 사용하는 방법이 바로 역설(paradox)입니다. 독창성이 부족한 이들은 본능적으로 부정 (negation)의 방식을 택하며, 오랫동안 인정된 진실들을 부정하기 시작합니다. 그 결과, 앞으로 나아가야 할 과학의 길이 오히려 퇴보하는 일이 생깁니다.

남의 작품을 번역하거나 수정하며 다시 쓰는 작가들도 이런 부류에 속합니다. 이는 매우 무례한 행동입니다. 이런 작가들에게 이렇게 말하고 싶습니다.

"가치가 있는 책이라면 본인이 직접 쓰세요. 그리고 다른 사람들의 작품은 있는 그대로 두세요."

과거의 훌륭한 작품을 있는 그대로 존중하지 않고 그 가치를 훼손하는 것은 문학과 학문의 발전을 저해하는 일입니다. 이런 방식이 아닌, 스스로의 창의력과 노력으로 새로운 작품을 만들어야 진정한 가치를 인정받을 수 있습니다.

독자는 가능하면 진정한 작가, 즉 무언가를 처음으로 만들고 발견한 사람들의 작품을 공부해야 합니다. 적어도 각 분야에서 위대한 거장으로 인정받는 이들의 책은 반드시 읽어야 합니다. 특히 이런 책들은 새 책이 아니라 중고 책으로 접하는 것이 더 좋습니다. 왜냐하면, '기존의 것에 새로운 발견을 추가하는 것은 쉽기 때문'이지요.

독자는 자신이 공부하는 주제의 기초를 먼저 탄탄히 익힌 뒤, 그 위에 최근에 더해진 내용을 쌓아가야 합니다. 이는 단단한 토대를 마련한 뒤에야 새로운 지식을 효과적으로 받아들일 수 있다는 뜻입니다. 그리고 일반적으로 다음 규칙을 염두에 두는 것이 좋습니다.

새로운 어떤 것이 있다면, 대개 좋은 것이 아니다. 새로운 것이 아무리 좋더라도 짧은 시간 동안만 좋을 수 있기 때문이다.

책의 제목은 마치 편지의 주소와 같습니다. 제목은 독자에게 책의 내용을 알려주는 첫 단서로서 매우 중요한 역할을 합니다. 좋은 제목은 표현력이 뛰어나고, 간결하면서도 의미가 풍부해야 합니다. 가능하다면 한 단어로 내용을 전달할 수 있는 제목이 이상적입니다. 반면, 장황한 제목은 독자의 관심을 끌기 어렵습니다. 또한, 애매모호하거나 거짓된 제목, 오해의 소지가 있는 제목은 마치 틀린 주소가 적힌 편지와 같아 독자의 관심을 받기 어렵습니다.

가장 나쁜 제목 중 하나는 이미 다른 책에서 사용된 제목을 도용한 것입니다. 이는 표절일 뿐만 아니라, 해당 저자가 독창성이 부족하다는 명확한 증거이기도 합니다. 자신만의 독창적인 제목조차 만들지 못한 사람이 쓴 책이 과연 새로운 내용을 담고 있을까요? 도용뿐만 아니라 모방도 문제입니다. 예를 들어, 제가 《자연 속의 의지에 관하여(On Will in Nature)》라는 논문을 쓴 뒤, 외르스테드(Oersted)가 오랜 시간이 지나서 자신의 책에 《자연 속의 정신에 관하여(On Mind in Nature)》라는 제목을 붙인 일이 있습니다. 이는 남의 제목을 훔친 것과 다름없지요.

책은 결국 작가의 생각을 담은 각인, 그 이상이 될 수 없습니다. 책의 가치는 작가의 생각을 얼마나 효과적이고 명확하게 표현했느냐에 달려 있습니다. 작가는 자신의 생각을 풀어내는 방식에 심혈을 기울여야 하고, 이를 통해 독자에게 가치 있는 내용을 전달해야 합니다.

책의 내용은 매우 다양하며, 그 내용의 특성에 따라 책이 가지는 우수성도 달라집니다. 내용이란 현실 세계에서 경험할 수 있는 모든 것을 포함합니다. 예를 들어, 역사가 말하는 진실이나 자연이 보여주는 사실 같은 것들이 여기에 해당합니다. 이런 경우, 책이 누구에 의해 쓰였는지와 관계없이 그 자체로 중요성을 가질 수 있습니다.

그러나 책의 형식에 관한 것은 다릅니다. 형식은 책의 독특한 개성을 나타내며, 이는 전적으로 책을 쓴 저자에게 의존합니다. 주제가 모두에게 접근 가능하고 잘 알려진 것이라 하더라도, 그 책의 진정한 가치는 저자가 이를 표현하는 방식에서 나옵니다. 어떤 책이 뛰어나다면, 그 책의 저자도 같은 이유로 뛰어난 작가라 할 수 있습니다. 저자의 가치가 주제에 의존하지 않을수록, 그 작가의 위대함은 더욱 두드러지지요. 예를 들어, 그리스의 3대 비극 작가들은 모두 비슷한 주제를 다루었지만, 각자의 독창적인 형식이 그들을 위대하게 만들었습니다.

따라서 책을 평가할 때는 내용과 형식을 분리해서 살펴야 합니다. 어떤 책이 찬사를 받을 때, 그것이 내용 때문인지 형식 때문인지 명확히 구분해야 하며, 평가 역시 이에 따라 달라져야 합니다.

평범한 사람들도 중요한 내용을 담은 책을 쓸 수 있습니다. 이는 그들이 독점적으로 접근할 수 있는 주제에 한정됩니다. 예를 들면, 먼 곳으로의 여행, 희귀한 자연현상이나 실험, 직접 목격한 역사적 사건 등이 이에 해당합니다. 또한, 원본 문서를 바탕으로 긴 연구와 노력을 통해 집필된 책들도 포함됩니다.

반면에, 모두가 접근 할 수 있거나 잘 알려진 주제는 형식이 책의 가치를 결정합니다. 같은 주제라 하더라도 저자가 어떤 방식으로 사고하고 표현했는지가 중요해집니다. 오직 탁월한 사람들만이 이런 형식을 통해 읽을 가치가 있는 책을 만들어낼 수 있습니다. 평범한 사람들의 생각은 다른 사람들의 생각과 크게 다르지 않아서, 결국에는 다른 이들의 아이디어를 반복하거나 단순히 재생산할 뿐입니다.

　대중은 작품 외부에 관심을 가지는 경향이 있습니다. 이런 이유로 대중은 고급문화를 이해하는 데 한계가 있습니다. 예를 들어, 대중은 시를 평가할 때 종종 시인의 삶에서 발생한 실제 사건들이나 개인적인 상황에 집중합니다. 이는 시인이 작품에 소재로 삼은 사건들이기 때문이지요. 하지만 이런 접근은 시의 본질적인 가치를 간과하게 만듭니다. 결국 대중은 사건과 상황을 작품 자체보다 더 중요하게 여기는 실수를 저지르게 됩니다.

　일례로 사람들은 괴테(Goethe)의 글을 읽기보다는 그에 대해 쓴 글을 읽는 데 더 관심을 가집니다.《파우스트》를 직접 읽기보다는 단편적으로 파우스트의 전설에 대해 연구하려는 경향이 있지요. 뷔르거(Bürger)는 "사람들은 '레오노라가 실제로 누구였는가'라는 질문에 관한 학문적 논문을 쓸 것"이라고 말했는데, 이는 괴테의 경우에 실제로 실현되었지요. 지금 우리는 파우스트와 그에 얽힌 전설에 관한 수많은 학문적 논문을 찾아볼 수 있습니다.

이런 글은 마치 에트루리아(Etruscan) 도자기를 보고 그 모양과 색상의 아름다움을 즐기기보다는, 도자기를 구성하는 점토와 페인트를 화학적으로 분석하려는 것과 비슷합니다.

대중의 사악한 편향성에 영합하려는 시도는 형식적인 아름다움이 중요한 문학 장르, 특히 시 문학에서 가장 비난받아야 합니다. 하지만, 형식보다는 소재를 이용해 극장을 채우려는 수준 낮은 드라마 작가들을 쉽게 찾아볼 수 있습니다. 이들은 어떤 사람의 삶에 극적인 사건이 전혀 없더라도, 그 사람이 유명하다면 거리낌 없이 무대에 올리곤 합니다.

내용과 형식의 구분은 대화에도 적용될 수 있습니다. 지능, 통찰력, 재치, 그리고 생동감은 대화의 형식을 구성하는 중요한 요소입니다. 결국 대화의 가치는 그 사람이 무엇을 말하느냐, 즉 대화의 내용에 달려 있다는 것을 깨닫게 됩니다. 지식이 부족한 사람과의 대화는 그가 특별히 뛰어난 형식적 자질을 갖추고 있지 않는 한, 별다른 가치를 느끼기 어렵습니다. 그들은 누구나 아는 주제에 대해서만 이야기할 테니까요. 반면, 형식적 자질이 부족하더라도 풍부한 지식을 가진 사람과의 대화는 매우 가치 있게 느껴집니다. 이런 대화의 가치는 온전히 내용에 있습니다.

스페인 속담에 "바보도 자신의 집에서는 지혜로운 사람보다 더 많이 알고 있다"라는 말이 있습니다. 누가 말하느냐보다 내용이 중요함을 잘 보여줍니다.

제**2**장

ON STYLE

·

문체

문체는 마음의 생김새와 같으며, 얼굴만큼이나 성격을 드러내는 확실한 지표입니다. 다른 사람의 문체를 따라 하는 것은 마치 가면을 쓰는 것과 같습니다. 이런 가면은 생명력이 없어서 결국 혐오감과 반감을 불러일으킵니다. 아무리 못생긴 얼굴이라도 가식적인 가면보다는 나을 것입니다. 그래서 고대 작가들의 방식을 그대로 모방하는 사람들은 가면 뒤에 숨어 있는 것과 다름없습니다.

독자는 가면 뒤에 숨어서 말하는 이들이 말을 들을 수는 있지만 그들의 진정한 얼굴, 즉 문체를 볼 수 없습니다. 반면에 다른 사람을 흉내 내지 않는 작가들의 문체는 눈에 잘 띕니다. 예를 들면, 스코투스

에리게나(Scotus Erigena), 페트라르카(Petrarch), 베이컨(Bacon), 데카르트(Descartes), 스피노자(Spinoza)와 같은 사람들이 그러합니다. 가식적인 문체는 일그러진 얼굴처럼 부자연스럽고, 글을 쓰는 사람의 언어는 그 나라의 특징과 문화를 반영합니다. 그리스어에서 카리브해 섬 주민들의 언어까지, 언어는 지역마다 변하지 않는 차이를 품고 있지요.

작가의 작품을 평가하기 위해 그가 다룬 주제나 내용을 전부 알 필요는 없습니다. 모든 작품을 읽지 않아도 됩니다. 대개는 그 작가가 어떻게 생각하는지를 알면 충분합니다.

작가의 문체는 그의 마음이 가진 본질적인 기질이나 자질을 정확히 보여줍니다. 문체는 작가가 가진 모든 생각의 '형식적인' 본질을 반영하며, 이는 절대 변하지 않습니다. 다시 말해, 작가의 마음속에 있는 모든 생각이 마치 밀가루 반죽처럼 한데 뭉쳐져 문체를 통해 밖으로 드러나는 것입니다. 문체는 작가의 생각이 어떤 형식으로 표현되는지 가장 선명하게 드러내 주는 창입니다.

어떤 남자가 오일렌슈피겔(Eulenspiegel)[1]에게 다음 마을까지 걸어

1　16세기 초기의 통속소설에 나오는 전설상의 인물로 방랑벽이 있고 장난치기를 좋아하는 1300년대 독일의 소작인입니다.

가면 시간이 얼마나 걸리는지 묻자, 오일렌슈피겔은 얼핏 보면 이상한 대답을 내놓았습니다.

"걸어보세요."

그는 남자의 보폭을 보고 주어진 시간 동안 걸어갈 수 있는 거리를 알아내고 싶었던 겁니다. 같은 방식으로, 작가가 쓴 글을 읽다 보면, 그 사람이 독자를 얼마나 멀리 데리고 갈 수 있을지 잘 알게 됩니다.

평범한 작가들은 자신의 타고난 문체를 숨기려 애쓰는 경향이 있습니다. 이는 그들이 본능적으로 어떤 진실을 느끼고 있기 때문입니다. 그것은 바로 자신을 진정으로 이해하고 확신하는 위대한 정신만이 솔직함과 천진난만함을 표현할 수 있다는 진실입니다. 평범한 작가들은 자신이 생각하는 대로 글을 쓰는 것을 두려워합니다. 그렇게 하면 자신의 글이 너무 유치하거나 단순하게 보일 것이라고 믿으니까요.

하지만 이러한 작가들의 글이 전혀 가치 없는 것은 아닙니다. 만약 그들이 솔직하게 글을 쓰고 생각한 바를 있는 그대로 간단히 표현한다면, 그들의 글도 충분히 읽을 만하고 유익할 수 있습니다. 그러나 이들은 종종 솔직함을 선택하기보다는, 자신의 생각이 실제보다 더 깊고 심오해 보이기를 원합니다. 그래서 억지스럽고 부자연스럽게 길고 복잡한 문장을 만들어냅니다. 새로운 단어를 조합하고, 생각의 본질 대신 그 주변을 맴돌며, 위선으로 가득 찬 장황한 표현을 사용하지요.

이러한 작가들은 자신의 생각을 독자에게 전달하려는 목적과 그 것을 숨기려는 욕구 사이에서 갈팡질팡합니다. 그 결과, 그들의 글은 학문적이거나 심오한 것처럼 보이게 꾸며져 있습니다. 이는 독자에게 실제로는 간단한 개념을 마치 심오하고 난해한 것처럼 보이게 만들려 는 의도입니다. 그들은 자신의 생각을 조각내어 짧고 애매모호하며 역설적인 문장으로 표현합니다. 이렇게 하면, 독자들이 그 문장이 말 하고자 하는 것보다 더 깊은 의미를 담고 있다고 착각하게 만들지요.

쉘링(Schelling)의 자연철학에 관한 논문은 이러한 글쓰기의 훌륭 한 예라고 할 수 있습니다. 이런 작가들은 마치 독자는 문장의 깊은 의미를 이해하기 위해 어떠한 노력도 할 필요가 없다는 듯이 단어들 을 홍수처럼 쏟아냅니다. 하지만 실상 그들이 말하고자 하는 것은 단 순하거나 사소한 개념들일 뿐입니다.

독일 고전 철학자 피히테(Fichte)의 인기 있는 작품들과 언급할 가 치조차 없는 저급한 철학자들의 철학서에서도 이러한 사례를 수없이 찾을 수 있습니다. 이 작가들은 자신들의 글이 웅장하고 심오하다고 스스로 믿으며, 과학적이고 심오한 문제를 흉내 내려고 합니다. 그 결과는 독자들에게 단 하나의 개념도 전달되지 않는, 지루하고 길게 늘어진 문장들로 가득 차 있습니다. 독자는 이런 글을 읽으며 고통받고 지치기 십상입니다.

뻔뻔함으로 치장한 모습을 하고 독자에게 다가가는 작가들도 있습니다.

대표적인 예가 헤겔주의자들(the Hegelians)입니다. 이들은 마치 글의 목표가 독자를 혼란에 빠뜨리고 모두를 미치게 만드는 것처럼 보일 때도 있습니다. 이러한 지적인 문제를 추구하는 작가들은 단순히 어려운 표현과 복잡한 논리를 사용하는 것을 넘어서, 읽는 이를 고통스럽게 만듭니다.

이 외에도 비슷한 사례는 셀 수 없을 정도로 많습니다. 이들의 노력은 극도로 애쓰고 공들인 듯 보이지만, 그 결과물은 우스꽝스럽고 사소한 수준에 그칩니다. 이런 과도한 노력때문에 글의 본래 목적이 훼손됩니다. 독자들은 이들이 무엇을 말하고자 하는지 이해할 수 없고 때로는 작가 자신조차 단어와 문장에 아무 의미도 부여하지 않은 채 글을 써 내려갑니다. 그저 독자가 그 의미를 찾아내 주기를 기대할 뿐입니다.

산통을 겪는 것은 산 (mountain), 태어날 것은 우스꽝스러운 쥐.

(Parturiunt montes, nascetur ridiculus mus.)

위의 라틴어 격언이 그 상황을 적절히 설명합니다. 대단한 결과에 관한 생색을 냈다가 정작 초라한 결과를 맞이한다는 뜻이지요. 이러한 작가들의 글은 그들의 의도와 상관없이 지나친 과장과 비논리적인 복잡성 속에서 낮은 가치의 결과물로 끝나곤 합니다.

이 모든 현상의 밑바닥에는 글을 팔아 이익을 얻으려는 끊임없는 노력, 즉 돈벌이를 위한 장사치의 태도가 자리 잡고 있습니다. 이들은 독창성을 가장하기 위해 새로운 표현이나 변형된 어구를 만들어내고, 기존의 단어에 새로운 의미를 부여하는 등 여러 방법을 동원합니다. 이런 노력은 부족한 지적 능력을 보상하고, 지적 결핍을 메우기 위한 애처로운 몸부림으로 보이기도 합니다.

작가들이 이러한 목적으로 한 가지 방식을 시도하다가, 그것이 효과가 없으면 다른 방식으로 전환하는 모습은 흥미롭습니다. 마치 지적인 능력을 드러내기 위해 여러 가면을 번갈아 쓰는 것처럼 보입니다. 이러한 가면은 경험이 부족한 사람들을 잠시 속일 수 있을지 모르지만, 결국 생명력이 없는 것이 드러나며 조롱의 대상이 됩니다. 그러면 이들은 또 다른 가면을 씁니다.

이런 작가들은 한순간에는 술 취한 듯 격정적인 문체로 휘갈겨 쓰고, 바로 다음 순간에는 거만하고 엄격한 학문적인 문체로 변모합니다. 글은 지나치게 길고 복잡하며, 모든 것을 쪼개 놓아 갈지자처럼 휘청거립니다. 이는 마치 독일 철학자 크리스찬 울프(Christian Wolf)에게 현대적인 옷을 입혀 놓은 모습과도 같습니다.

이 중에서도 가장 오래 지속된 현상은 독일에서 두드러지게 나타난 난해함의 가면입니다. 이 가면은 피히테(Fichte)로 시작하여, 쉘링(Schelling)에 의해 완성되고, 헤겔(Hegel)에서 그 정점을 이루었습니다.

아무도 이해할 수 없는 글을 쓰는 것은 가장 쉬운 일입니다. 반면, 깊이 있는 내용을 누구나 이해할 수 있는 방식으로 표현하는 것은 매우 어렵습니다. 충분한 지성을 가진 작가에게는 복잡한 기법이 필요 없습니다. 자신의 본모습을 솔직하게 드러낼 수 있으니까요. 호라티우스(Horace)의 격언이 이를 잘 설명합니다.

"올바르게 글을 쓰는 것이 지혜의 시작이자 근원이다"란 말이 그것입니다.

작가들은 연금술사와 같습니다. 이들은 금을 대체하기 위해 수많은 화합물을 만들어보려 하지만, 금은 결코 대체될 수 없는 독특한 광물입니다. 작가는 자신을 감추려는 시도를 하지 말아야 합니다. 자신의 실제 능력 이상으로 보이려는 노력은 매우 위험합니다. 이런 시도는 독자에게 작가의 지식이 빈약하다는 의심을 불러일으킬 뿐입니다. 누군가 무엇인가를 과도하게 강조하거나 치장하려 한다면, 바로 그곳에 부족한 부분이 있기 마련입니다.

작가에게 '천진난만하다'고 말하는 것은 큰 칭찬입니다. 이는 작가가 자신의 모습을 있는 그대로 드러낸다는 뜻이니까요. 작가는 자신을 솔직히 표현하는 데 주저하지 말아야 합니다. 일반적으로 천진난만함은 매력으로 여겨지며, 반대로 자연스러움이 부족한 표현은 어디에서나 거부감을 일으킵니다.

실제로 위대한 작가들은 자신의 생각을 가능한 한 순수하고 명확하며 짧게 표현하려고 노력한다는 점을 알 수 있습니다. 단순함은 늘 진실의 표시로 여겨졌고, 천재성의 상징이기도 합니다. 문체는 말하고자 하는 지혜에서 그 아름다움을 인정받습니다. 엉터리 작가들은 문체 자체가 그들의 생각을 뛰어나게 만든다고 착각합니다. 사실 문체는 단지 지혜의 실루엣일 뿐입니다. 알아보기 어렵고 조잡한 문체는 저자의 무지함과 혼란스러움을 드러낼 뿐입니다.

좋은 문체의 첫 번째 규칙은 '작가는 말하고 싶은 것이 있어야 한다'는 것입니다. 이것만으로도 필요한 것의 전부를 설명할 수 있습니다. 아, 이 단순한 규칙이 얼마나 많은 것을 함축하고 있는지 상상해 보십시오! 그러나 철학적인 글이나 이 나라의 성찰적인 글들, 특히 피히테(Fichte) 이후로 쓰인 글들에서는 이 규칙을 무시하는 경우가 많습니다. 이런 작가들은 무언가 중요한 메시지를 전달할 것처럼 뽐내지만, 실상은 말할 내용이 전혀 없습니다.

이러한 글쓰기 방식은 대학의 유사 철학자들로부터 시작되어 지금은 여러 분야로 퍼져 있습니다. 심지어 주류 문학 작가들 사이에서도 빈번히 나타납니다. 이런 흐름 속에서 부자연스럽고 애매모호한 문체가 탄생했습니다. 한 문장 안에 두 가지 이상의 의미를 담으려는 시도나 '장황하고 복잡한 문체'가 그 대표적인 예입니다. 이는 말의 홍수로 독자를 압도하여 생각의 빈곤을 감추기 위한 수법입니다. 글을 읽는 사람은 장황함과 끝없는 잡담 속에서 명확하게 표현된 개념을 하나도 발견하지 못합니다. 마치 요란하게 돌아가는 풍차처럼 몇 시간을 읽어도 실질적인 내용을 찾기 어렵습니다.

그럼에도 많은 사람들은 이런 현상을 대수롭지 않게 여깁니다. 독자는 장황함으로 가득 찬 책을 한 장 한 장 읽어 내려가지만, 저자가 실제로 말하고자 하는 바를 전혀 이해하지 못합니다. 독자는 작가가 그저 돈을 벌기 위해 글을 썼다는 사실을 알아차리지 못합니다. 모든 글이 원래 그런 것이라고 착각할 뿐이지요.

반면, 좋은 작가는 독자의 신뢰를 얻는 데 오래 걸리지 않습니다. 독자는 작가가 진정으로 '말할 것'이 있다는 것을 즉시 알아차립니다. 그 결과, 독자는 주의를 기울이고 인내심을 갖고 작가가 이끄는 대로 따라갑니다. 좋은 작가는 자신이 말하고자 하는 것을 가장 단순하고 직접적인 방식으로 표현합니다. 그의 유일한 목표는 자신의 마음속에 있는 생각을 독자의 마음속에도 똑같이 떠오르게 만드는 것입니다.

프랑스의 비평가이자 시인인 부알로(Boileau)가 말했듯이, 작가의 생각은 모든 곳에서 빛처럼 명확하게 드러나야 하며 그 글이 잘 쓰였든 아니든 항상 의미를 담고 있어야 합니다.

나의 생각은 모든 곳에서 드러나고,
나의 시는 잘 쓰였든 그렇지 못하든 항상 무엇인가를 말합니다.

(Ma pensée au grand jour partout s'offre et s'expose,

Et mon vers, bien ou mal, dit toujours quelque chose.)

앞서 설명한 작가들은 말을 많이 하지만, 아무것도 말하지 않는다고 할 수 있겠습니다.

말을 많이 하는 사람들은 아무것도 말하지 않습니다.

(Ceux qui parlent beaucoup ne disent jamais rien.)

자신 있는 주장을 피하려는 것은 나쁜 작가들의 또 다른 특징입니다. 이들은 필요한 순간에 도망칠 탈출구를 만들기 위해, 할 수 있는 한 자신의 주장을 모호하게 표현하려 합니다. 그래서 '추상적인' 방식으로 표현하는 것을 주저하지 않지만, 실제로 지적인(intelligent) 사람들은 '구체적인' 표현을 선호합니다. 지적인 사람들은 모든 증거의 원천이 되는 구체적이고 실제적인 증명의 범위 내에서 더 많은 것을 다루기 때문입니다.

추상적인 표현을 선호하는 예는 쉽게 찾아볼 수 있습니다. 예를 들어, 'to cause'(발생시키다)나 'to produce'(만들다)라는 분명한 표현 대신, 'to condition'(조건을 만들다)처럼 모호한 표현을 사용하는 경우가 있습니다. 이런 표현은 특히 헷갈리기 쉽습니다. 사람들은 'to cause it'(그것을 만들다)이라고 분명히 말하는 대신, 'to condition something'(어떤 것의 조건을 만들다)이라는 식으로 표현합니다. 이러한 표현은 추상적이고 분명하지 않아 온전하지 못한 정보를 제공합니다. 예를 들어, "A가 B에 의해 일어난다"고 말하는 대신, "B가 없으면 A는 발생할 수 없다"고 말하는 방식입니다. 이는 항상 뒷문을 열어둔 표현이지요.

영국인은 자신의 판단을 바탕으로 행동하고 글을 쓰지만, 독일인은 그렇지 못한 경우가 많습니다. 이러한 차이로 인해, 최근 독일 문학 언어에서는 'cause'라는 단어가 거의 사라졌고, 대신 'condition'이라는 단어가 쓰이고 있습니다. 이는 언어의 변화에서 그 자체로 특이하며, 동시에 우스꽝스러운 현상으로 언급할 가치가 있습니다.

평범한 작가들이 무미건조하고 지루한 글을 쓰는 이유는, 이들이 얼이 반쯤 빠진 상태에서 글을 쓰기 때문입니다. 이들은 자신이 사용하는 단어의 의미를 충분히 이해하지 못한 채, 기존에 있던 단어들을 단순히 외우고 조합하는 데 그칩니다. 따라서 이들이 만들어내는 글은 그저 '진부한 표현'일 뿐입니다. 이러한 작가들은 독자에게 전달할 분명한 생각이 없기에, 그들의 작품을 인증할 틀도 없는 상태라

할 수 있습니다.

그렇다면, 이런 작가들의 글에서는 무엇을 발견할 수 있을까요? 단어, 최신 어구, 진부한 용어, 유행하는 표현을 마구 섞어 만든 모호하고 수수께끼 같은 혼합물뿐입니다. 이러한 글은 낡은 활자로 찍어 낸 듯하며, 안개 속을 들여다보는 것처럼 뿌옇고 혼란스럽습니다.

반면, 지식으로 충만한 작가는 글을 통해 독자에게 직접 말을 건넵니다. 독자의 관심을 깨우고 그들과 소통할 수 있는 이유가 여기에 있습니다. 이런 작가는 개별 단어들을 묶어 의도한 바를 온전한 의미로 만들어냅니다. 그 결과, 저자의 담론은 마치 직접 그린 그림처럼 생생하고 정교합니다. 스텐실로 만든 그림처럼 기계적이고 무미건조한 글과는 본질적으로 다릅니다. 이런 글에서는 단어 하나하나와 붓 터치 하나하나가 특별한 목적을 가지고 있지만, 그렇지 않은 글에서는 모든 것이 기계적이고 무의미하게 느껴집니다.

이 차이는 음악에서도 쉽게 찾을 수 있습니다. 리히텐버그 (Lichtenberg)는 배우 개릭(Garrick)의 영혼이 그의 몸 구석구석에 깃들어 있는 것 같다고 말했습니다. 이처럼 천재성은 작가의 작품 곳곳에 항상 존재하며 이를 통해 글에 생명력이 생깁니다.

평범한 작가들의 작품에는 지루함이라는 특징이 있습니다. 이 지루함은 객관적인 지루함과 주관적인 지루함으로 나눌 수 있습니다. 객관적으로 지루한 작품은 저자가 전달하고자 하는 명확한 생각이나 지식이 없는 경우입니다. 명확한 생각이나 지식을 가지고 있는 작가는 이를 전달하기 위해 온 힘을 쏟습니다. 그런 작가의 글은 산만하거나 무의미하지 않고, 결과적으로 독자에게 지루함을 느끼게 하지 않습니다.

명확한 생각이 있는 경우 비록 저자가 실수하더라도 문제는 명확히 드러나며, 최소한 형식적으로는 이치에 맞습니다. 이런 작품은 어느 정도의 가치를 인정받을 수 있습니다.

물론 지루함은 주관적입니다. 독자가 책의 내용에 관심이 없다면, 그 작품이 아무리 훌륭해도 지루하다고 느낄 수 있습니다. 이런 경우에는 독자의 지성이 부족하다고 볼 수 있습니다. 최고의 작품도 특정한 사람들에게는 주관적으로 지루할 수 있다는 뜻입니다. 반대로 책의 주제나 저자에 대해 관심이 많은 사람들에게는 최악의 작품조차도 매력적으로 느껴질 수 있습니다.

작가는 가능하다면 위대한 천재처럼 생각해야 하지만, 독자가 이해할 수 있는 언어로 말해야 합니다. 평범한 단어를 사용해 평범하지 않은 것을 전달하는 것이 작가의 과제입니다. 그러나 그 반대로 행동하는 작가들도 있습니다. 이들은 사소한 생각을 거창한 단어로 포장하고, 평범한 것을 기이하고 억지스럽게 꾸미려 합니다.

이런 작가들의 문장은 마치 긴 목발을 이용해 억지로 성큼성큼 걷는 것과 같습니다. 겉만 번지르르한 표현을 좋아하고, 과장되고 위선적인 문체를 사용하는 것이 특징입니다. 이런 문체는 읽는 이에게 인위적이고 불편한 인상을 남기며, 내용보다는 형식에만 집착한 듯 보입니다.

셰익스피어 희곡에 등장하는 에인션트 피스톨(Ancient Pistol)[2]이 이런 사람들의 전형입니다. 그의 친구 팔스타프(Falstaff)가 한번은 참지 못하고 그에게 이렇게 말했어요.

"이봐! 이 세상 사람처럼 말하라고!"[3]

프랑스어 표현 '스틸 엠페세(stile empesé)'와 정확히 일치하는 표현을 다른 언어에서 찾기는 어렵지만, 그 본질은 모든 언어에서 공통

---

2   윌리엄 셰익스피어의 희곡 세 편에 등장하는 거만한 군인. 자신의 실력을 거창하게 자랑하지만, 본질적으로는 겁쟁이입니다.

3   《헨리 4세 2부》3막 5장 중.

으로 나타납니다. 이 표현은 문학에서 위엄을 가장하고, 거드름을 피우며, 최고인 척하는 가식적인 태도를 의미합니다. 이는 독자에게 참으로 견디기 어려운 인상을 줍니다. 지성이 부족한 사람일수록 이런 문체로 자신을 치장하려는 경향이 있습니다. 일상에서도 형식과 격식을 과장하는 것은 매우 어리석은 행동으로 여겨지지요.

지나치게 점잔 빼는 문체를 사용하는 작가는 자신의 결함이나 부족함을 숨기기 위해 과하게 꾸미는 사람과 비슷합니다. 반면, 진정한 '신사'는 가장 허름한 옷을 입더라도 과하게 자신을 꾸미지 않습니다. 마찬가지로, 좋은 작가는 화려한 장식 없이도 그의 본질을 드러냅니다. 반대로, 평범한 작가는 그의 문체를 통해 그 수준을 쉽게 드러내곤 합니다.

애매모호한 표현은 언제 어디서나 나쁜 신호로 간주됩니다. 이는 대개 생각의 모호함에서 비롯되며 이는 곧 틀림을 의미합니다. 마음속에서 명확한 생각이 떠오르면, 그것을 표현할 방법은 자연히 찾아집니다. 생각이 분명하다면 정확한 단어를 선택하는 것은 어렵지 않습니다. 무엇인가를 명확하게 생각할 수 있다면, 그것을 이해할 수 있고 이해한 바를 명료한 언어로 표현할 수 있습니다.

복잡하고 모호한 문장들을 쓰는 대부분의 작가는 자신이 무엇을 말하고 싶은지 제대로 알지 못합니다. 이들의 인지 능력은 매우 둔해서 잘 알지도 못하는 것을 억지로 생각해 내려고 아등바등합니다. 사실은 할 말이 전혀 없다는 것을 자신과 타인에게 숨기고 싶어 하면서, 모르는 것을 아는 것처럼, 생각하지 않은 것을 생각한 것처럼, 말하지 않은 것을 말한 것처럼 보이려고 애씁니다.

만약 어떤 사람이 진심으로 전달하고 싶은 내용이 있다면, 그는 모호한 방식과 명확한 방식 중 어느 것을 선택할까요? 당연히 명확한 방식을 택할 것입니다. 퀸틸리안(Quintilian)은 이를 다음과 같이 명쾌하게 설명했습니다.

고등교육을 받은 사람이 말하는 것들은 종종 이해하기 쉽고 훨씬 분명하다. 교육이 부족할수록 더욱 이해하기 어렵고 불분명한 글을 쓸 것이다. (Plerumque accidit, ut faciliora sint ad intelligendum et lucidiora multo, quae a doctissimo quoque dicuntur... Erit ergo etiam obscurior, quo quisque deterior.)

작가는 글에서 수수께끼 같은 문구를 피해야 합니다. 자신이 무엇을 말하고 싶은지, 그리고 무엇을 말하지 않을지 명확히 알아야 합니다. 많은 작가가 무미건조한 글을 쓰는 이유는 바로 이와 같은 우유부단함 때문입니다. 이 규칙의 유일한 예외는 부적절한 발언을 해야 할 때입니다. 그럴 때만 일부러 애매하게 표현할 여지가 있습니다.

과장은 대개 의도와는 정반대의 효과를 가져옵니다. 생각을 효과적으로 전달하려면 여러 단어가 필요하지만, 활용에는 한계가 있습니다. 단어가 너무 많이 쌓이면, 저자가 말하고자 하는 핵심은 점점 더 미궁 속으로 빠져듭니다. 단어가 과도하면 항상 그 목적에 어긋나게 됩니다. 요점을 명확히 하고 불필요한 부분을 제거하는 것은 문체와 비판적 사고 능력의 문제입니다. 볼테르(Voltaire)가 말했듯이, "형용사는 명사의 적이다"라는 경구는 이러한 맥락에서 깊은 의미를 가집니다. 그러나 많은 사람이 장황함으로 사고의 빈곤을 감추려 한다는 것은 잘 알려진 사실입니다.

불필요하게 중복되는 표현, 의미 없는 내용, 읽을 가치가 없는 것들은 모두 피해야 합니다. 작가는 독자의 시간, 인내심, 노력을 존중해야 합니다. 독자는 작가가 쓴 글이 읽을 만한 가치가 있다고 믿어야 하며, 그 글을 읽는 데 들인 시간이 충분히 보상받을 만하다고 느껴야 합니다. 이런 배려는 글쓰기에서 매우 중요한 요소입니다.

"부분이 전체보다 많다"라는 헤시오도스(Hesiod)⁴의 격언은 핵심을 강조하며 간결한 표현의 중요성을 잘 설명합니다. 또한 "모든 것을 다 말하면 지루해진다"라는 프랑스 격언도 같은 교훈을 제공합니다. 그러므로 작가는 본질적이고 중요한 생각만을 전달해야 합니다.

독자가 스스로 생각해야 할 부분까지 글에 담아서는 안 됩니다. 많은 생각을 간결한 단어들로 줄여 표현하는 것이야말로 진정한 천재성을 드러내는 것입니다. 진실은 있는 그대로 드러났을 때 가장 아름답습니다. 그리고 그 표현이 단순할수록 깊은 인상을 남깁니다. 이는 독자의 온 마음을 방해 없이 사로잡고, 다른 생각이 끼어들 틈을 주지 않기 때문입니다.

좋은 글은 작가가 말하는 내용 자체에서 느껴집니다. 인간 존재의 허무함에 대해 수많은 열변을 토한다고 해도, 성경 속 욥(Job)의 단순하고 진솔한 말이 주는 강렬함을 능가할 수는 없습니다. 단순함은 진실의 힘을 극대화하며, 그 자체로 독자에게 가장 깊은 울림을 줍니다.

---

4   헤시오도스는 기원전 8세기경의 그리스 시인으로 앞의 문장은 그의 교훈시인 〈노동과 하루하루〉의 일부분입니다.

여인에게서 태어난 사람의 삶은 짧고 고통으로 가득 차 있다.
꽃처럼 자랐다가 잘리고, 그림자같이 사라지며 머물지 아니한다.

이 성경의 구절은 단순함과 순박함이 진실과 아름다움을 가장 효과적으로 전달한다는 점을 잘 보여줍니다. 괴테(Goethe)의 순박한 시가 쉴러(Schiller)의 수사학보다 훨씬 위대한 이유도 여기에 있습니다. 이는 또한 수많은 대중가요가 매우 감동적인 이유이기도 합니다.

건축에서 과도한 장식을 피해야 하듯이, 문학에서도 작가는 불필요한 수사적 화려함, 과장, 표현의 과잉을 경계해야 합니다. 한마디로 말하면 문체의 순결성을 추구해야 합니다. 쓰지 않아도 되는 단어를 그대로 두는 것은 글에 해를 끼칩니다. 단순함과 순박함의 법칙은 모든 예술에 적용되어야 하며, 단순함 속에서도 아름다움이 존재할 수 있기 때문입니다.

간결하게 표현한다는 것은 어디에서나 말할 가치가 있는 것만 말하고, 독자가 스스로 알 수 있는 세부 사항은 피하는 것을 의미합니다. 이를 위해서는 필요한 것과 불필요한 것을 정확히 구별해야 합니다. 그러나 간결함을 추구한다고 해서 작가가 명확성과 문법적 정확성을 희생해야 한다는 뜻은 아닙니다. 단어 수를 줄이기 위해 생각의 표현을 약화시키거나, 문장 구조와 문법적 의미를 훼손하는 것은 판단력이 부족한 것입니다.

간결함은 단순히 단어를 줄이는 것이 아니라, 내용의 명확성과 전달력을 유지하면서도 불필요한 요소를 제거하는 것을 의미합니다. 이는 작가가 자신의 생각을 효과적으로 독자에게 전달할 수 있는 가장 중요한 능력 중 하나입니다.

안타깝게도 꼭 필요한 단어를 생략하고 심지어 문법과 논리까지 희생하는 잘못된 간결성이 최근 유행하고 있습니다. 이런 작가들은 단어, 특히 동사나 형용사를 여러 문장에서 반복적으로 사용하는 방식으로 단어 수를 줄입니다. 이로 인해 독자는 글의 의미를 파악하기 위해 마치 어둠 속에서 손으로 길을 더듬듯 애써야 합니다.

더 나아가 이러한 작가들은 말의 경제성이라는 원칙을 잘못 이해하고 적용하고 있습니다. 간결함을 유지하겠다는 명목으로 명확히 밝힐 수 있는 표현을 생략하며, 독자에게 마치 수수께끼를 내놓는 것과 같은 상황을 만듭니다. 독자는 문장의 의미를 이해하기 위해 글을 반복해서 읽을 수밖에 없게 됩니다.

문체를 간결하면서도 풍부하게 만드는 것은 내용의 무게입니다.

작가의 전달하려는 생각이 중요하고 빛나며, 본질적으로 가치가 있다면, 그 내용이 문장을 충분히 채울 것입니다. 이 내용은 문법적이고 언어적으로 완전한 기초를 제공하여, 문장을 공허하거나 빈약하게 보이지 않도록 만듭니다.

이런 문장들은 모든 곳에서 간결하면서도 풍부하며, 독자에게 쉽게 이해되고, 심지어 아름답게 느껴집니다. 작가의 말은 단순히 문체의 문제를 넘어, 진정한 가치를 가진 사상과 표현으로 독자의 마음을 사로잡습니다.

그러므로 작가는 단순히 단어와 문장의 형태를 줄이려 애쓸 것이 아니라, 자신의 생각을 확장하고 깊이를 더해야 합니다. 이는 마치 병에 걸려 몸이 야위어 옷이 헐렁해진 사람에게 필요한 것은 옷을 줄이는 것이 아니라, 몸을 건강하게 회복시키는 것과 같은 이치입니다.

이제 문체의 오류 중 하나인 '주관성(subjectivity)'의 오류에 대해 말하고자 합니다. 이 오류는 작가가 자신이 말하고자 하는 내용을 스스로는 알고 있지만, 독자를 배려하지 않을 때 발생합니다. 이는 독자를 방치하는 것과 같습니다. 독자는 작가가 말하고자 하는 것을 이해하기 위해 큰 노력을 기울여야 합니다. 이런 상황은 저자와 독자가 대화를 나누는 대신, 저자가 독백하는 것과 다름없습니다.

작가는 독자의 질문을 직접 들을 수 없으므로 자신의 생각을 더 명확하게 표현하기 위해 최선을 다해야 합니다. 따라서 문체는 결코 주관적이어서는 안 되며 '객관적'이어야 합니다. 객관적인 문체란, 작가가 글을 쓰며 생각했던 것과 독자가 글을 읽으며 생각하는 것이 동일하도록 표현된 문체를 의미합니다.

작가는 글을 쓸 때 중력의 법칙을 이해해야 합니다. 즉, 작가의 생각이 머리에서 종이로 내려가는 것이 종이에서 독자의 머리로 다시 올라가는 것보다 훨씬 쉽다는 점을 인식해야 합니다. 그렇기 때문에, 종이에 적힌 생각이 독자의 머리로 원활히 전달될 수 있도록 모든 수단을 동원해야 합니다.

이러한 노력이 이루어진다면, 작가의 말은 온전하고 객관적인 결과물을 만들어낼 것입니다. 그것은 마치 완성된 그림처럼 독자에게 명확하고 생생하게 전달될 것입니다.

반면, 주관적인 문체는 명확하지 않은 결과물을 낳으며 이는 벽에 있는 얼룩과도 같습니다. 이 얼룩은 우연히 환상에 빠진 사람에게만 어떤 구체적인 모양으로 보일 뿐, 대부분의 사람에게는 단지 흐릿하고 무의미한 얼룩으로 보입니다. 문체의 차이는 문학 기법 전체에 적용되지만, 구체적인 사례에서도 종종 확인됩니다.

예를 들어, 최근 출판된 책에서 다음과 같은 문장을 보았습니다. "나는 책의 가짓수를 늘리기 위해 이 책을 쓴 것은 아니다." 이 문장은 저자가 실제로 말하고자 했던 것과 정반대의 뜻을 전달하며, 결국 허튼소리가 되고 말았습니다.

부주의하게 글을 쓰는 사람은 자신의 생각이 중요하지 않다고 스스로 인정하는 것과 같습니다. 이는 그들이 생각의 진실성과 중요성에 대한 확신이 부족하기 때문입니다. 사람은 자신의 생각에 대한 확신이 있을 때 비로소 그 생각을 가장 명확하고 강렬하게 표현할 수 있는 열정이 생깁니다. 이는 마치 신성한 유물이나 값비싼 예술 작품을 담기 위해 은이나 금으로 만든 그릇을 준비하는 것과 같은 마음가짐입니다.

이러한 자세로 자신의 생각을 표현한 고대 작가들의 작품은 수천년이 지난 지금도 살아남아 있습니다. 이 작품들은 오늘날에도 '고전'(classics)이라는 영광스러운 칭호로 불리며, 변함없는 가치를 인정받고 있습니다.

실제로 플라톤(Plato)은 《국가론(Republic)》의 서문만 다양한 방식으로 일곱 번이나 썼다고 합니다.[5]

옷차림을 제대로 갖추지 않고 사람을 만나는 것은 상대에 대한 존중 부족을 드러낼 수 있습니다. 마찬가지로, 부주의하고 형편없는 문체는 독자에 대한 무관심을 극명하게 보여줍니다. 독자는 그런 책을 읽지 않음으로써 작가를 응징할 것입니다. 특히 형편없는 문체로 다른 사람들의 작품을 비판하며 돈벌이하는 평론가들을 보는 것은 정말 흥미롭습니다. 이는 마치 판사가 잠옷과 슬리퍼를 신고 법정에 들어서는 것과 같습니다. 지저분하게 옷을 입은 사람과 대화하고 싶지 않은 것처럼, 형편없는 문체로 쓰인 책은 즉시 치워버리고 싶어집니다.

좋은 글을 쓰기 위해서는 한 번에 한 가지 생각만 명확히 표현한다는 규칙을 따라야 합니다. 동시에 둘 이상의 생각을 전달하려는 시도는 독자를 혼란스럽게 만듭니다. 이는 저자가 괄호를 사용해 여러 개념을 한 문장에 욱여넣으려 할 때 자주 발생합니다. 이렇게 문장을

---

5   역자 주: 국가론(Republic)의 서문에서 처음 12개 단어가 영어로 자연스러울 수 있는 순서로 배열되어 있다는 사실은 언급할 가치가 있습니다.

잘게 조각내면 결국 독자는 불필요한 혼란에 빠지게 됩니다.

이러한 문제는 특히 독일어를 사용하는 작가들에게서 흔히 볼 수 있습니다. 독일어는 복잡한 문장을 구성하기에 적합한 구조를 제공하지만, 그 가능성을 남용하는 것은 정당화될 수 없습니다. 간결하고 명확한 표현이 아니라 복잡하게 꼬인 문장은 독자에게 부담을 주고 글의 가치를 떨어뜨릴 뿐입니다.

프랑스어로 쓰인 산문은 읽기에 쉽고 즐겁습니다. 이는 아마도 프랑스 작가들이 이러한 오류에서 대체로 자유롭기 때문일 것입니다. 프랑스 작가들은 자신의 생각을 가능한 한 논리적이고 자연스러운 순서로 연결하여 독자에게 제시합니다. 독자는 그 순서대로 차근차근 따라가며 각각의 개념에 온전히 주의를 기울일 수 있습니다.

반면, 독일 작가들은 여러 개념을 한 문장에 엮어 뜨개질하듯 짜넣는 경우가 많습니다. 이들은 한 번에 하나씩 제시하기보다는 여러 개의 개념을 한꺼번에 표현하려 합니다. 이런 접근법은 독자의 주의를 집중시키기보다는 산만하게 만듭니다.

결과적으로, 작가는 독자에게 한 번에 하나의 생각에 집중하라는 기본적인 규칙을 무시하게 만듭니다. 독자는 한 번에 서너 가지 개념을 이해하거나, 빠르게 연속적으로 이어지는 내용을 따라잡으려 애써야 합니다. 이는 실질적으로 불가능합니다.

이런 글쓰기는 아주 간단한 내용을 과도한 허세와 고상한 표현들로 포장하는 '스틸 엠페제(stile empesé)', 즉 엉킨 듯 복잡한 문체를 따르는 전형적인 예입니다.

괄호가 많이 포함된 긴 문장은 필연적으로 복잡하게 보일 수밖에 없습니다. 이는 마치 상자 속에 또 다른 상자가 들어 있는 것과 같아서, 독자의 기억력에 큰 부담을 줍니다.

이런 문장은 독자의 이해력과 판단력을 약화시키고 방해하며[6] 실제로는 독자에게 반쪽짜리 구절만 제공합니다. 나머지 절반은 독자가 스스로 찾아야 해요.

이러한 글은 독자가 갈기갈기 찢어진 조각들의 기억을 더듬어가며 하나하나 맞추도록 강요합니다. 독자는 사고를 통해 문장을 이해하기보다는 문장을 기억하면서 읽어나가야 합니다. 문장의 끝에 다다르면 비로소 그 의미를 알게 될 것이라는 희망을 안고 많은 노력을

---

6   역자 주: 원문의 이 문장은 독일어에서 흔하게 발생하는 문장 구성 오류를 설명하려는 것입니다. 다행히도 영어에서는 잘 드러나지 않는 것처럼 보이지만 이런 잘못은 다른 형태로 분명히 존재합니다.

기울여야만 합니다.

이런 방식은 독자가 이해할 만한 것을 얻기 전에 과도한 학습을 요구하며, 그 과정에서 독자의 인내심을 지나치게 시험합니다. 이는 분명히 잘못된 글쓰기 방식입니다.

평범한 작가들은 이런 문체를 선호하는 경우가 많습니다. 독자가 글을 쉽게 이해하지 못하게 만들어, 시간을 더 들여야만 내용을 파악할 수 있도록 하기 때문입니다. 사실 이런 문체로 쓰인 글은 본래 단순하고 쉽게 이해될 내용인 경우가 많습니다.

결국, 이러한 방식은 저자의 지식이 더 깊어 보이게 하려는 속임수에 불과합니다. 이는 수준 낮은 작가들이 무의식적이거나 거의 본능적으로 사용하는 방법입니다. 그들은 자신의 지식 부족을 감추고, 마치 그렇지 않은 것처럼 보이려 합니다. 이는 독자를 기만하는 행위이자, 작가의 창의성과 정직함을 희생시킨 결과입니다.

두 가지 생각을 나무 십자가처럼 비스듬히 겹쳐 놓는 방식은 올바른 글쓰기 방법이 아닙니다. 이는 독자에게 의미 없는 반쪽짜리 문장을 붙잡고 기다리라고 강요하는 것과 같습니다. 마치 손님에게 빈 접시를 내놓고, 접시 위에 무엇인가 저절로 나타나기를 바라는 것과 다를 바 없습니다.

쉼표 역시 비슷한 방식으로 오용되는 경우가 많습니다. 이는 본문 중간의 괄호나 쪽 하단의 각주처럼 문장의 흐름을 방해합니다. 정치가 데모스테네스(Demosthenes)와 철학자 키케로(Cicero)조차 가끔 괄호를 사용해 단어들을 끼워 넣곤 했지만, 그러지 않았다면 글이 훨씬 더 명확했을 것입니다.

특히 괄호를 사용한 글쓰기는 문장의 틀에 맞지 않을 뿐만 아니라, 문장의 구조를 직접적으로 파괴할 때 가장 우스꽝스러워집니다. 이는 다른 사람이 말하는 도중 끼어드는 것과 같이 스스로를 방해하는 무례한 행동과 비슷합니다. 그런데도 수준 낮고 부주의하며 성급한 작가들은 이런 문체를 반복적으로 사용하며 스스로 즐거워합니다. 그들은 마치 옆에 빵을 놓아둔 채로 글을 끼적이듯, 괄호를 한 문장 안에 여러 번 사용하는 것을 문제 삼지 않습니다.

이런 글쓰기는 종종 게으름 때문이 아니라, 이 방식에 매력적인 경쾌함이 있다고 착각하는 데서 비롯됩니다. 이들은 이렇게 쓰면 글에 생기를 불어넣을 수 있다고 믿지만, 이는 어리석음의 극치입니다. 물론, 이런 형태의 문장이 드물게 용인될 수 있는 상황이 있을 수는 있습니다. 그러나 이는 예외적인 경우에 한정되며, 대부분의 상황에서 이런 방식은 글의 흐름과 명확성을 훼손할 뿐입니다.

건축가는 건물을 짓기 전에 도면을 그리고 아주 작은 세부 사항까지 반복적으로 검토한 뒤에야 작업을 시작합니다. 그러나 이런 방식으로 글을 쓰는 작가는 거의 없습니다. 대부분은 글을 마치 도미노 게임을 하듯이 씁니다. 이들은 문장의 절반 정도만 계획적으로 배열하고, 나머지는 대충 놓습니다. 문장을 배열하고 연결하는 방식에서도 같은 태도가 드러납니다.

이런 작가들은 자신들의 작품에 대한 대략적인 윤곽만 머릿속에 그려놓고 목표 또한 희미하게 설정한 상태에서 글을 씁니다. 마치 산호충(coral-insect)이 산호를 형성하듯 단순히 마침표와 마침표를 이어가며 엉성하게 글을 작성하는 것입니다.

제3장

ON THE STUDY OF LATIN

라틴어 공부

라틴어가 더 이상 지식인의 공용어로 통하지 않고, 각 나라의 언어를 중시하는 지방분권주의가 등장한 것은 유럽 지식 발전에 있어 진정한 불행입니다. 과거에는 라틴어라는 공통 매체를 통해 유럽 전역의 지식인들이 서로 소통하고 협력할 수 있었습니다. 책이 출판될 때마다 유럽 전체의 지식인들에게 즉각적으로 영향을 미칠 수 있었던 것도 바로 이 때문입니다.

　　그러나 언어의 차이로 인해 독자층이 분리되고 단절되면 유럽 지식인들이 이룰 수 있는 많은 성과가 줄어들 것입니다. 이는 엄청난 손실이며 이보다 더 심각한 문제는 고대 언어 교육의 폐지입니다. 프랑스와 독일에서는 이미 고대 언어를 무시하는 분위기가 빠르게 퍼지고 있습니다.

만약 이런 흐름이 계속된다면, 이는 곧 인문학과의 이별을 의미합니다. 고귀한 취향과 수준 높은 지성과도 작별을 고해야 할 것입니다. 비록 철도, 전보(telegraph), 열기구 같은 현대 기술이 발전했더라도, 야만의 시대가 다시 돌아오는 결과를 초래할지도 모릅니다. 이는 우리 조상들이 누렸던 또 하나의 중요한 장점을 잃어버리는 것이기도 합니다.

라틴어는 단순히 로마 시대 유물을 해석하는 열쇠가 아니라, 1750년 이전까지의 유럽 중세와 현대를 직접적으로 연결해 주는 매개체입니다. 라틴어를 통해 우리는 9세기의 에리게나(Erigena), 12세기의 솔즈버리의 요하네스(John of Salisbury), 13세기의 레이몽드 룰리(Raimond Lully) 같은 수많은 지식인의 사상을 이해할 수 있습니다.

시간상으로는 우리와 멀리 떨어져 있지만, 이 현인들은 마치 우리 곁에 있는 것처럼 가깝습니다. 우리는 이들과 직접적으로 연결될 수 있고, 이들을 진정으로 이해할 수 있습니다. 그러나 만약 이들이 각자 살던 시대와 나라의 고유한 언어로만 말했다면 어땠을까요? 아마도 이들이 남긴 지식과 사상의 절반도 이해하지 못했을 것입니다. 현인들과의 지적인 교감은 불가능해졌을 것입니다. 그들의 생각은 저멀리 지평선 위에 늘어진 그림자처럼 희미하게 보이거나, 번역가라는 망원경을 통해서 간접적으로 볼 수밖에 없었을 것입니다.

베이컨(Bacon)은 라틴어를 사용하는 것의 장점을 스스로 잘 이해하고 있음을 명확히 밝혔습니다.

그래서 자신의 '에세이(Essays)'를 홉스(Hobbes)의 도움을 받아 라틴어로 번역하였고, 《세르모네스 피델레스(Sermones fideles)》라는 제목을 붙였습니다. 라틴어로 '신뢰할 수 있는 말'이라는 뜻입니다.[7]

모든 사람의 관심을 끄는 순수하게 인간적인 질문 중에서 진실, 통찰력, 아름다움에 관한 것들이 가장 중요합니다. 그러나 애국심이 학문의 영역에 작용하면, 자국의 사상가들을 과도하게 중요시하는 결과를 낳게 됩니다. 이는 용납할 수 없는 잘못입니다.

한 개인의 자아가 속한 국가를 우선시하고 이로 인해 판단의 균형이 깨지며, 진실에 폭력을 행사하고 외국의 위대한 현인들을 불공정하게 대하는 것은 참으로 무례한 행위입니다. 이보다 더 무례한 일

---

7   《토마스 홉스(Thomae Hobbes)의 생애: 카롤로폴리 아푸드 엘루테리움 앵글리쿰
     (Carolopoli apud Eleutherium Anglicum)》, 1681, 22페이지.

이 있을까요? 그런데도 유럽 내 모든 국가에는 이러한 천박함의 예를 보여주는 작가들이 존재합니다.

이리아르트(Yriarte)는 자신의 매력적인 우화집인《리터러리 페이블스 (Literary Fables)》의 33번째에서 이들을 풍자하고 있습니다.[8]

문제의 우화는 소풍을 간 동물들이 누가 가장 재능이 뛰어난지 논의하는 이야기입니다. 개미, 개, 벌, 앵무새가 차례로 서로를 칭찬하며 나섰습니다. 마지막으로 타조가 일어나 혹이 하나인 낙타(단봉낙타)를 지지한다고 선언했습니다. 그러자 낙타도 일어나 타조를 지지했지만, 아무도 이 상호 칭찬의 이유를 알 수 없었습니다.

"둘이 모두 사회성이 떨어져서? 목이 길어서? 특별히 똑똑하지도 아름답지도 않아서? 아니면 각자 혹이 하나씩 있어서인가?"

그때 여우가 말했습니다.

"아니야! 너희들 모두 틀렸어. 이들은 모두 외국인인 것을 모르겠어?"

---

8   역자 주: 토마스 데 이리아르트(1750-1791)는 스페인의 시인이자 마드리드 전쟁부에서 기록물 보관 업무를 담당했습니다. 〈라 무지카 (La Musica)〉라는 교육적인 시와 여기 인용된 우화들이 가장 잘 알려진 작품입니다. 우화에서 문학인들 특유의 기이한 버릇을 풍자하고 있는데 그의 작품들은 여러 언어로 번역되었고, 록클리프(Rockliffe)가 영어로 번역했습니다(제3판, 1866).

많은 학자에 대해서도 같은 말을 할 수 있을까요?

새로운 언어를 학습하는 것은 단순히 단어를 배우는 것을 넘어섭니다. 특히, 모국어에 정확히 대응하는 단어가 없을 때는 더욱 그렇습니다. 이런 상황은 자주 발생하며, 학습자는 새로운 개념의 영역을 마음속에 설정해야 합니다. 새로운 언어를 배우는 과정에서 단어를 익히는 것뿐 아니라, 그 언어가 표현하는 새로운 개념을 습득하게 됩니다. 이전에 존재하지 않았던 사고의 영역이 만들어지는 것이지요.

언어 학습은 단순히 의사소통의 도구를 배우는 것이 아니라, 새로운 세계관을 접하고 사고의 틀을 넓히는 과정입니다.

이러한 점은 고대 언어를 배울 때 더욱 분명해집니다. 고대 언어와 현대 언어 사이의 표현 방식 차이는 현대 언어들 사이의 차이보다 훨씬 큽니다. 이는 특히 라틴어로 번역할 때 확연히 드러납니다. 원문에서 사용된 표현 방식과는 완전히 다르게 번역해야 하기 때문입니다. 번역 과정에서 내용을 완전히 분석하고 이를 녹여낸 뒤 새롭게 구성해야 합니다. 다시 말해, 원문을 해체하고 재구성하는 과정을 거쳐야 합니다.

바로 이 과정이 고대 언어 학습이 지성교육에 큰 도움이 되는 이유입니다. 이 과정은 단순한 번역 이상의 사고력을 요구하며, 이를 통해 학습자는 자신의 지성을 더 깊이 훈련할 수 있습니다.

한 사람의 생각은 사용하는 언어에 따라 크게 달라질 수 있습니다. 새로운 언어를 배우면 사고는 수정되고, 다양한 색조를 띠게 됩니다. 이런 이유로, 많은 언어를 아는 것은 간접적인 이점일 뿐만 아니라 정신 수양을 위한 직접적인 도구이기도 합니다. 새로운 언어를 배우는 과정에서 사고는 다면적인 본질과 의미의 다양성을 강조하며 성숙해지고 유연성 또한 증가합니다.

언어 학습 과정에서 개념은 점차 독립적인 단어로 구체화됩니다. 고대 언어의 경우 이러한 과정이 현대 언어보다 더욱 뚜렷합니다. 이는 고대 언어와 현대 언어 사이의 표현 방식 차이에서 기인하며, 고대 언어를 학습하는 경험이 사고와 지성에 미치는 영향을 더욱 강하게 만듭니다.

고대 언어의 문체를 모방하는 것은 모국어로 생각을 완벽히 표현할 수 있는 가장 좋은 방법 중 하나임이 명확합니다. 이는 고대 언어가 문법적으로 모국어보다 훨씬 더 완성되어 있기 때문입니다. 위대한 작가가 되고자 한다면 이 과정을 반드시 거쳐야 합니다. 학생이 조각이나 그림을 배울 때 과거의 위대한 작품을 따라 하며 연습한 뒤, 자신만의 독창적인 작품을 만들어가는 것과 같은 이치입니다.

라틴어를 배우는 과정은 받아쓰기를 예술로 승화시키는 훈련과도 같습니다. 언어가 예술의 재료이기 때문에 이를 최대한 주의 깊고 섬세하게 다루는 법을 익히게 됩니다. 이런 연습은 작가로 하여금 단어의 의미와 가치, 단어의 순서와 연결, 그리고 문법적인 형태에 예리한 주의를 기울이게 만듭니다. 작가는 단어의 가치를 정확히 이해해서 생각을 표현하고 보존할 수 있는 소중한 도구를 다루는 전문가로 성장하게 됩니다.

또한, 작가는 자신이 사용하는 언어를 존중하는 법을 배우게 됩니다. 언어를 임의적이고 변덕스럽게 개조하려 하지 않고, 그 본질을 보존하려는 태도를 갖게 됩니다. 이러한 교육 없이 글을 쓰면 잡담으로 퇴보하기 쉽습니다.

라틴어를 알지 못한다는 것은 안개 자욱한 날에 아름다운 나라를 방문하는 것과 같습니다. 가까이에 있는 것만 희미하게 보일 뿐, 몇 발짝 더 나아가면 모든 것이 어둠 속으로 사라집니다. 반면, 라틴어를 이해하는 사람은 현대, 중세, 고대를 아우르는 넓은 시야를 가지게 됩니다. 여기에 더해 그리스어나 산스크리트어(Sanskrit)까지 배우면 정신의 크기와 깊이는 더욱 확장됩니다.

고대 고전을 읽는 것보다 더 훌륭한 정신적 여가 활동은 없을 것입니다. 단 30분만 읽어도 마음이 상쾌해지고 편안해지며, 강해지는 것을 느낄 수 있을 것입니다. 마치 샘물을 마시고 갈증이 해소되는 것처럼 말이지요. 이것은 고대 언어와 완벽한 표현의 효과일까요, 아니면 천년의 세월에도 사라지지 않고 위대한 현인들의 지혜를 담은 작품 덕분일까요? 아마도 둘 다일 것입니다.

제 4 장

ON MEN OF LEARNING

지식인들

수없이 많은 교육기관과 학자들을 보면, 인류가 진리와 지혜에 진심으로 헌신하고 있는 것처럼 보일 수도 있습니다. 하지만 여기에서도 겉으로 보이는 것들은 기만적입니다. 스승이라고 일컬어지는 사람들은 진리를 탐구하기보다는 돈을 벌고 명성을 얻기 위해 가르칩니다. 학자들 역시 지식과 통찰을 얻으려는 것이 아니라, 단지 잡담하거나 잘난 척을 하기 위해 공부하는 경우가 많습니다.

　30년마다 새로운 세대가 세상에 등장합니다. 이들은 아무것도 모르는 상태에서 시작하여, 인류가 수천 년 동안 쌓아온 지식을 짧은 시간 동안 허겁지겁 흡수하려 합니다. 그 결과, 자신이 더 똑똑해 보이기를 원합니다. 대학에 가고 책을 읽는 목적도 바로 여기에 있습니다. 이들은 자신이 속한 시대와 수준에 맞는 새로운 책만 읽습니다. 읽는 모든 것이 간략하고 신선해야 하며, 자신 또한 새로운 존재로 보여야 합니다. 그런 다음, 이들은 비판하기 시작합니다.

대부분의 학생과 학자는 통찰력보다는 단순히 '정보'를 습득하는 데 목표를 둡니다. 이들은 돌, 식물, 전투, 실험, 그리고 존재하는 모든 책에 대해 알고 있다는 것을 자랑스러워합니다. 그러나 정보란 오직 통찰을 얻기 위한 수단에 불과하며, 그 자체로는 아무런 가치가 없다는 사실을 깨닫지 못합니다. 철학자가 될 수 있는 것은 단순히 많이 아는 것이 아니라, 사유(thinking)의 방식 때문입니다.

나는 스스로에게 이렇게 말하곤 합니다.

"이렇게 많이 읽었는데, 이토록 사유하지 않을 수 있는가?"

이 질문은 대플리니우스(The Elder Pliny)에 대한 기록을 읽을 때도 떠올랐습니다. 그는 밥을 먹을 때, 여행 중에, 또는 목욕하면서도 끊임없이 책을 읽거나 다른 사람이 책을 읽어주는 것을 들었다고 합니다.

그의 기록을 보며 나는 이렇게 생각했습니다.

"스스로의 생각이 얼마나 부족했으면 타인의 생각을 이렇게까지 끊임없이 주입해야 했을까?"

마치 폐병 환자가 살기 위해 말랑말랑한 음식만 먹는 것과 같습니다. 이런 사람의 글은 독립적인 사유의 결과라고 평가할 수 없어요. 그의 문체는 분별력 없는 믿음으로 가득 차 있고, 메모같은 단순한 글쓰기는 이해하기 힘들며 비호감이 느껴지기도 합니다. 종이를 아끼는 경제적인 문체라는 점에서는 인정할 수 있을지도 모르겠습니다.

우리는 지나치게 많은 독서와 학습이 스스로의 사유를 방해할 수 있다는 사실을 알게 되었습니다. 이는 사유에 필요한 명확성과 철저함을 습득할 시간을 빼앗기기 때문입니다. 이로 인해, 우리의 말이나 글에서 명확한 지식이 부족하면, 이를 단어와 구절로 억지로 메우려 합니다. 그래서 명확성이 부족하면 책을 지루하게 만듭니다. 내용이 지루해서가 아닙니다.

"훌륭한 요리사는 낡은 신발로도 맛있는 요리를 만들 수 있다"는 속담처럼, 훌륭한 작가는 가장 재미없는 것도 흥미롭게 만들 수 있습니다. 반대로, 평범한 작가는 흥미로운 내용조차도 지루하게 만들 수 있지요.

수많은 지식인에게 지식은 수단이지 목적이 아닙니다. 이것이 그들이 결코 위대한 업적을 이룰 수 없는 이유입니다. 위대한 업적은 지식을 목적 그 자체로 추구할 때만 이루어질 수 있습니다. 그 외의 모든 것은, 심지어 자신의 존재조차도 수단으로 대해야 합니다.

진정으로 위대하고 독창적인 성취를 이루고자 하는 사람은, 이를 즉각적인 목적으로 설정하고, 자신의 힘으로 지식을 습득해야 합니다. 또한 타인의 지식에 의존하지 않고 그것을 거부할 용기를 가져야 합니다. 하지만 대부분의 평범한 지식인들은 가르치거나 글을 쓰기 위해 공부합니다. 이들의 머릿속은 음식을 소화하지 못하는 위와 같아서 가르침과 글은 쓸모가 없습니다. 사람들이 영양을 섭취할 수 있는 것은 소화되지 않은 찌꺼기가 아니라 피에서 분비되는 진액과도 같은, 진정으로 소화된 사고의 결과물입니다.

가발은 지식인의 적절한 상징이라고 할 수 있습니다. 이는 단순하면서도 명확합니다. 가발은 가짜 머리카락으로 진짜 머리카락의 부족을 감춥니다. 마치 타인의 생각으로 가득 채운 머리에 박식하다는 말을 붙이는 것과 같습니다. 그러나 가발은 머리를 자연스럽게 덮어주지 못하며, 유용하지도 않고, 목적에 적합하지도 않습니다. 게다가 단단히 뿌리를 내리지 못하기에, 타인의 생각은 다 쓰고 나면 다시 같은 출처에서 가져올 수도 없습니다. 자신의 토양에서 솟아오르는 고유한 생각과는 전혀 다릅니다.

영국의 소설가 로렌스 스턴(Sterne)은 그의 작품《트리스트럼 샌디(Tristram Shandy)》에서 이렇게 대담하게 말했습니다.

"한 사람의 지혜 1온스가 다른 사람들의 지혜 1톤의 가치가 있다."

이 말은 타인의 생각에만 의존하지 않고, 독창적이고 자립적인 사고의 중요성을 강조합니다.

사실, 가장 심오한 학식조차도 새로운 생명이 끊임없이 생성되고 항상 생기와 젊음이 넘치는 대자연 앞에서는 말라버린 풀더미에 불과합니다. 고대 작가들의 순진무구함은 해설자의 지나치게 세련된 학식과는 극명한 차이를 보입니다.

"딜레탄티(Dilettanti), 딜레탄티(Dilettanti)!"

이 표현은 사랑과 즐거움으로 예술이나 학문의 한 분야를 탐구하는 사람들을 비하하는 방식으로 사용됩니다. 이탈리아어로 '그들의 즐거움을 위하여'라는 뜻입니다. 이런 표현은 오로지 돈과 이윤을 추구하며 배움을 탐구하는 사람들이 예술이나 학문 그 자체를 추구하는 사람들을 경멸할 때 사용됩니다.

이들의 비아냥은 필요, 배고픔, 혹은 탐욕과 같은 외부 자극이 있어야만 어떤 주제에 진지하게 헌신할 수 있다는 믿음에서 비롯됩니다. 이러한 저급한 믿음은 대중 사이에서도 널리 퍼져 있으며, 전문가에 대한 존경과 '딜레탄티'에 대한 불신으로 이어집니다.

그러나 진실은 이와 정반대입니다.

'딜레탄티'는 글의 주제 자체를 목적으로 대하지만, 스스로 전문가로 칭하는 부류에게 주제는 단순한 수단일 뿐입니다.

'딜레탄티'는 주제를 진정으로 사랑하며, 그 자체를 좋아하기 때문에 직접적인 관심을 가지고 이를 추구합니다. 이들은 "콘 아모르(con amore)", 즉 '사랑으로'라는 태도로 접근합니다. 위대한 업적을 이루는 사람들은 언제나 이런 사람들입니다.

문자 공화국의 상황은 미국의 작은 주(State)와 유사합니다. 각자가 자신의 이익에만 몰두하고, 명성과 권력만을 좇으며, 대중의 복지는 점차 황폐해집니다. 마찬가지로 문자공화국의 사람들은 명성을 얻기 위해 자신의 이익만을 앞세웁니다.

우리는 잘난 체하지 않으면서 솔직 담백하게 자신의 길을 가는 사람들에게 호의를 느낍니다.

하지만 안타깝게도 남들과 다른 사람은 위험한 존재로 보이기 마련입니다. 특히 차별적으로 탁월한 사람은 공동의 위험으로 간주되고 사람들로부터 집단적인 억압을 받게 됩니다.

이러한 상황에서 전체로서의 지식이 어떻게 대우받는지는 쉽게 이해할 수 있습니다. 진실과 탁월함을 추구하는 사람들은 종종 대중의 무지와 탐욕 속에서 고립되며, 그들의 노력이 왜곡되고 폄하되기 십상입니다.

조직에 속한 교수와 독립적인 지식인 사이에는 예로부터 긴장과 적대감이 존재해 왔습니다. 이는 마치 개와 늑대 사이에서 느껴지는 긴장감과 비슷합니다. 교수는 자신의 지위 덕분에 동시대 사람들에게 알려질 큰 기회를 누리는 반면에 독립적인 지식인은 후대에 알려질 기회를 가집니다. 이는 그들이 가진 자유와 여유로운 시간 덕분입니다. 그러나 이런 자유와 여유는 매우 희귀한 선물입니다. 인간이 누구에게 주목하고 관심을 기울여야 할지를 알아내는 데는 긴 시간이 걸리기 때문입니다.

직업으로서 교수가 된 사람은 외양간에서 먹을 것을 받는 가축과도 같습니다. 이는 되새김질하는 동물들에게는 적합할 수 있지만, 자연 속에서 스스로 먹이를 찾아야 하는 사람이라면 탁 트인 들판에서 자유롭게 살아야 할 것입니다.

인간 지식의 대부분은 실제로 종이 위에서만 존재합니다. 즉, 책의 형태로 보존된 지식이 그 본질입니다. 책은 종이 위에 기록된 인류의 기억입니다. 반면, 지식이 특정 사람들의 마음속에 존재하는 경우는 드물고 그것조차도 짧은 시간 동안만 지속됩니다. 이는 인간의 삶이 짧고 불확실하며 게으르고 쾌락에 집착하기 때문입니다.

모든 세대는 필요할 만큼의 지식을 얻고는 곧 사라집니다. 인간의 삶은 너무 짧고, 각 세대의 지식은 대부분 피상적입니다. 한 세대가 지나면 다음 세대가 이어지고, 이들은 희망으로 가득 차 있지만 무지로 인해 모든 것을 처음부터 다시 배워야 합니다. 짧은 여정 속에서 이해하고 유용하다고 생각하는 만큼만 배우고, 결국 사라지는 것입니다.

개별 구성원의 기억은 제한적이고 불완전하며, 글을 쓰고 인쇄하는 기술이 없었다면 인류의 지식은 훨씬 더 황폐해졌을 것입니다. 이러한 이유로 도서관은 인류의 가장 확실하고 지속적인 기억 저장소로 여겨집니다.

인간 지식의 확장은 끝이 없습니다. 지식은 모든 방향으로 무한히 퍼져나갑니다. 하지만 알아야 할 가치가 있는 지식 중에서 천분의 일이라도 온전히 소유할 수 있는 사람은 아무도 없습니다. 이는 인간의 한계를 보여주는 동시에, 인류가 지식을 보존하기 위해 글과 기록을 얼마나 중요하게 여겨야 하는지를 말해줍니다.

학문의 모든 분야가 끝없이 확장되면서, '무엇인가를 이루고자' 하는 사람은 이제 하나의 주제에 집중해야 하고, 다른 모든 분야는 자연히 무시할 수밖에 없습니다. 이렇게 하면 자신의 주제 분야에서는 평범한 사람들보다 우월해질 수 있겠지만, 다른 분야에서는 여전히 평범한 수준에 머물게 됩니다.

더욱이 최근 들어 고대 언어 익히기에 대한 평가가 무시되고 있습니다. 라틴어와 그리스어를 아는 것은 무가치하다는 인식이 확산하고 있지요. 이는 단순히 고대 언어를 배척하는 것에 그치지 않고, 인문학 전반에 걸친 일반 교육의 붕괴를 의미합니다. 결국, 자신의 주제 분야 외에는 아무것도 모르는 좁은 시야의 지식인들이 점점 늘어나게 될 것입니다.

이러한 전문가는 마치 공장의 숙련공과 비슷합니다. 특정 도구나 기계에 맞는 나사, 걸쇠, 손잡이를 만드는 일에 평생을 바친 그들의 기술은 놀랍지만 지식의 범위는 매우 제한적입니다. 이는 또한 자신의 집 안에서만 살아가는 사람에 비유할 수 있습니다. 집 안의 작은 계단, 방구석, 선반 등 모든 것을 완벽히 알고 있지만 집 밖의 세상은 낯설고 미지의 대상이지요.

이 모습은 빅토르 위고(Victor Hugo)의 소설《노트르담의 꼽추(Nôtre Dame de Paris)》에 나오는 콰지모도(Quasimodo)를 떠올리게 합니다. 그에게 노트르담 대성당은 손바닥 안에 있는 것처럼 훤하지만, 성당 밖의 세상은 그에게 전혀 다른 세계입니다.

인문학이 풍부해지고, 인간이 참된 지성을 소유하기 위해서는 다면적이어야 하며, 넓은 시야를 가져야만 합니다. 진정한 지식인은 역사에 대한 폭넓은 이해를 갖추어야 하고, 온전한 철학자가 되고자 한다면 인간 지식의 가장 먼 끝에 있는 것들까지도 사유해야 합니다. 이렇게 해야만 서로 다른 지식이 한데 모여 진정한 통합을 이룰 수 있습니다.

그저 그런 흔한 지식인은 결코 진정으로 최고의 지성을 소유한 사람이 될 수 없습니다. 진정한 지식인은 존재 전체를 자신의 문제로 삼으며, 이를 통해 인류에게 새로운 통찰과 계시를 제공하는 사람입니다. 전체적인 것, 본질적인 것, 보편적인 것을 주제로 삼는 사람만이 진정한 천재라는 칭호를 받을 자격이 있습니다. 반대로, 평생을 특정 사물들 사이의 관계를 설명하는 데 허비하는 사람은 천재의 경지에 이를 수 없습니다.

제 5 장

ON THINKING FOR ONESELF

사고의 독립성

거대한 도서관이라도 질서가 없다면, 체계적으로 정리된 작은 도서관보다 쓸모가 없을 것입니다. 마찬가지로, 방대한 양의 지식을 가진 사람이라도, 스스로 그 지식을 반복적으로 생각하고 연마하지 않았다면, 그의 지식은 철저히 숙고한 소량의 지식보다 가치가 없습니다.

　지식은 여러 방면에서 살펴보고, 진실과 진실을 비교하여 결합할 때 비로소 온전히 내재화되고, 그 힘을 발휘할 수 있습니다. 인간은 자신이 알지 못하는 것을 깊이 생각할 수 없습니다. 따라서 학습이 필요합니다. 또한, 자신이 알고 있는 것을 스스로 생각할 수 있을 때만 그 지식을 제대로 이해했다고 할 수 있습니다.

독서와 학습은 누구나 자신의 자유의지로 할 수 있습니다. 그러나 '생각(thinking)'은 다릅니다. 생각은 마치 바람에 불이 붙듯이 자연스럽게 일어나야 합니다. 생각은 당면한 문제에 대한 관심에 의해 유지됩니다. 이 관심은 객관적일 수도 있고, 주관적일 수도 있습니다. 주관적 관심은 개인적인 문제들에만 관여하지만, 객관적인 관심은 본질적으로 생각 그 자체에 초점이 맞춰져 있습니다.

생각하는 행위는 어떤 사람들에게는 숨을 쉬는 것처럼 자연스럽습니다만, 이런 사람들은 매우 드뭅니다. 이것이 생각하는 지식인을 찾기 어려운 이유입니다.

스스로 생각하는 것이 마음에 미치는 효과는 단순히 책을 읽는 것과는 놀라울 정도로 다릅니다. 생각하는 마음과 책을 읽는 마음은 본질적으로 차이가 있으며, 이 차이는 시간이 지나면서 더욱 강화됩니다.

독서는 외부에서 강제로 생각을 마음에 주입하는 것입니다. 이는 마치 봉인과 봉인을 찍는 밀랍처럼 이질적인 관계를 형성합니다. 독서는 마음에 이질적인 생각을 강요하며, 독자는 순간적으로 그 생각을 받아들이고 이것저것 떠올리도록 압박받습니다. 하지만 독자가 그 순간 생각을 하고 싶지 않거나, 생각할 수 있는 상태가 아닐 수도 있습니다.

결국, 독서로 얻은 지식은 깊은 사유와 내재화를 통해서만 진정한 가치로 전환될 수 있습니다. 생각하는 과정은 독서로 얻은 외부의 지식을 자신의 것으로 통합하고 내면화하는 데 필수적입니다. 생각은 독서보다 훨씬 더 개인적이고 창조적인 과정이며, 그로 인해 마음에 깊고 지속적인 영향을 미칩니다.

스스로 생각할 때, 사람의 마음은 자신의 충동에 따라 작동합니다. 이 충동은 그 순간의 환경이나 특정한 기억에 의해 결정되며, 이는 본질적으로 자신을 위한 것입니다. 외부 세계는 사람에게 '단 하나의' 생각도 강요하지 않습니다. 대신에, 각자의 본성과 현재 상태에 적합한 문제와 상황을 제공합니다. 이것이 독서와 본질적으로 다른 점입니다.

과도한 독서는 마음의 탄력성을 제거합니다. 이는 마치 용수철을 계속해서 눌러 탄성을 잃게 만드는 것과 같습니다. 독서를 지나치게 많이 하면, 특히 할 일이 없을 때마다 책을 읽는 습관은 자기 자신의 생각을 없애는 가장 확실한 방법이 됩니다. 결국, 스스로의 생각을 잃고 타인의 생각만으로 가득 찬 사람이 되는 것입니다.

이러한 상태는 사람을 똑똑한 명청이로 만듭니다. 이런 사람들은 타고난 상태보다 더 어리석고 명청해지며, 독창적인 사고력을 잃어버립니다. 이는 이들이 쓴 글이 성공하지 못하는 주된 이유이기도 합니다. 독창적인 생각을 담지 못하고, 타인의 생각을 단순히 되풀이하거나 왜곡할 뿐입니다.

이런 사람들은 알렉산더 포프(Alexander Pope)가 그의 시에서 묘사한 것처럼 남아 있을 것입니다.

영원히 읽기만 한다면, 절대 읽히지 않으리라![9]

지식인은 책 안에서 세상을 읽는 사람입니다. 반면, 현인들과 천재들은 자연이라는 책으로 직행한 사람들입니다. 이들이 바로 세상을 밝히고, 인류를 더 멀리 나아가게 만든 주역들입니다.

사람의 생각이 진실과 생명력을 가지려면, 결국 그것은 자신만의 근본적인 생각이어야 합니다. 타인의 생각을 읽는 것은 초대받지 못한 식사 자리에서 남은 음식을 가져가는 것이나, 누구인지 모르는 방

---

9   알렉산더 포프의 시《더 던시어드(The Dunciad)》, 3권, 194행.

문객이 벗어둔 옷을 입는 것과 다르지 않습니다. 우리가 읽는 생각은 우리 자신의 생각과 연결될 때만 의미를 가집니다. 마치 선사시대 식물의 화석 자국이 봄에 싹을 틔우며 다시 살아나는 것과 같습니다.

독서는 자기 생각의 대체물일 뿐입니다. 이는 마음에 목줄을 채우는 것과 같습니다. 즉, 스스로 길을 찾을 수 없다는 뜻입니다. 생각 없이 읽는 수많은 책은, 잘못된 길이 얼마나 많으며 그 길을 따라가다 보면 얼마나 멀리 방황할 수 있는지를 보여줄 뿐입니다.

천재성은 자신을 인도할 수 있는 능력을 말합니다. 독립적으로 사고하고, 자발적이고 정확하게 생각하는 사람은 올바른 방향으로 나아갈 수 있는 유일한 나침반을 가지고 있습니다. 우리는 생각의 근원에서 멈추어 설 때만 독서해야 합니다. 이런 태도는 현인들에게도 자주 요구됩니다. 반면, 스스로의 독창적인 생각을 쫓아버리기 위해 책을 집어 드는 것은 마치 성령(the Holy Spirit)에 죄를 짓는 것과 같습니다. 자연을 떠나 말린 식물로 채워진 박물관을 바라보거나 구리판으로 찍힌 풍경을 응시하는 것과도 같습니다.

스스로 반복적으로 생각하고, 또 그 생각을 깊게 발전시키는 데 많은 시간과 노력을 들여야 진실이나 지혜의 일부를 발견할 수 있습니다. 때로는 책 안에 이미 준비된 지혜를 통해 이러한 고생을 덜 수도 있습니다. 그러나, 스스로의 힘으로 생각하여 지혜를 발견했다면 그 가치는 백배 이상입니다.

이러한 방식으로 습득한 지식만이 우리의 사고 체계에 통합될 수 있습니다. 이미 알고 있는 것과 온전하고 견고한 관계를 형성하며, 우리의 사고 체계에 색채와 음영을 더하고 독특한 표식을 남깁니다. 이런 지식은 쉽게 잊히지 않습니다.

이것이 바로 괴테(Goethe)가 말한 "진정으로 소유하기 위해서는 스스로 유산을 획득하라"는 조언의 완벽한 해석이자 적용입니다. 자신의 노력으로 얻어진 지식만이 진정한 의미에서 우리의 것이 될 수 있습니다.

네 부모에게서 유산으로 물려받은 것을,
너 스스로 얻어 진정으로 소유하라.[10]

스스로 생각하는 사람은 자신의 의견을 형성한 뒤, 그 의견에 내

---

10   《파우스트》, 1부 329.

재한 권위를 깨닫게 됩니다. 이 권위는 자신의 의견과 자신에 대한 믿음을 더욱 강화해 줄 뿐입니다. 반면에, 책으로 만들어진 철학자는 권위에서 출발합니다. 그들은 타인의 책을 읽고, 그 의견들을 수집하여 자신의 전체를 형성합니다. 이는 마치 피와 살이 아닌 다른 것으로 만들어진 인형과 같습니다.

독립적으로 사고하는 사람은 자연이 창조한 살아 있는 인간처럼 작품을 만들어냅니다. 그의 작품은 마치 사람이 태어나는 것처럼 세상에 나옵니다. 생각의 마음이 외부로부터 잉태되고 이를 통해 모양을 만들어 자신의 아이를 낳는 것과 같습니다.

억지로 학습된 진리는 인공 팔, 가짜 이빨, 밀랍으로 만든 코와 같습니다. 최선의 경우라 해도 그것은 다른 사람의 살로 만들어진 코일 뿐입니다. 단지 자리에 붙어 있을 뿐, 그 자체로 살아있는 일부가 아닙니다. 반면에, 독립적인 사고를 통해 얻은 진리는 자연 그대로의 팔과 같아서 우리 신체의 일부가 됩니다. 현인과 단순 학습자의 근본적인 차이는 바로 여기에 있습니다.

독립적으로 사고하는 사람의 지적인 성취는 아름다운 그림과 닮았습니다. 이 그림은 음영이 정확하고 톤이 지속적이며, 색이 완벽하게 조화를 이루고 있습니다. 반면, 단순 학습자의 지적인 성취는 온 갖 색으로 가득 찬 커다란 팔레트에 불과합니다. 색의 배열은 잘 되어 있을 수 있지만, 조화롭지 못하며 연결과 의미가 결여되어 있습니다.

이 차이는 단순히 정보의 양이 아니라, 지식의 깊이와 통합 능력에서 비롯됩니다. 스스로 사고하는 사람의 지식은 체계적이고 유기적으로 연결되어 진정으로 자신의 일부가 됩니다. 반대로, 타인의 생각을 단순히 모방하거나 수집한 지식은 외부에서 빌려온 조각들로 이루어져 있어, 견고하지 못하고 본질적인 의미를 잃게 됩니다.

독서란 나 자신의 머리가 아닌 타인의 머리로 하는 생각입니다. 반면, 나 자신의 머리로 생각하는 것은 논리적이고 체계적인 전체를 발전시키는 것을 목표로 합니다. 이는 완벽하게 온전하지 않더라도 하나의 체계(system)를 구축하려는 노력입니다.

반복적인 독서로 인해 타인의 생각이 머릿속으로 과도하게 흘러 들어오더라도, 이것이 나 자신의 사고 체계를 방해해서는 안 됩니다. 타인의 생각은 각각 다른 사람의 머리에서 나온 것이므로 서로 다른 체계에 속하고, 각기 다른 색으로 물들어 있습니다. 따라서 이들은 결코 하나의 통일된 지식, 통찰, 또는 확신으로 융합될 수 없습니다. 오히려 머리를 언어의 혼란으로 가득 채워, 사고 체계를 방해하고 명확한 통찰력을 빼앗아 가며 체계를 무너뜨릴 뿐입니다.

이러한 상태는 많은 학습자들에게서 쉽게 찾아볼 수 있습니다. 과도한 독서와 타인의 생각에 의존하는 학습자는 건강한 감각, 정확한 판단, 실용적인 기술 면에서 문맹인들보다도 열등해질 수 있습니다. 비록 글을 잘 읽지 못하는 사람일지라도 타인과의 교류와 약간의 독서를 통해 외부에서 얻은 지식을 자신의 사고 체계 안으로 효과적으로 통합할 수 있습니다.

진정한 사고자(thinker)는 이러한 과정을 더 크게 확장합니다. 그는 다양한 지식이 필요하고 방대한 독서를 해야 하지만, 그의 정신은 모든 것을 자신의 사고 체계에 동화시키고 통합할 정도로 견고합니다. 그의 사고 체계는 지속적으로 성장하여 모든 지식이 유기적으로 융합된 방대한 통찰력을 갖게 합니다.

이 과정에서 외부의 다양한 생각들이 혼란스럽게 섞이고 기본적인 사고의 음조가 사라지는 것처럼 보일 수도 있습니다. 그러나 진정한 사고자는 자신의 사고를 오르간의 베이스 음처럼 중심에 두어 모든 생각을 지배하고 결코 다른 음조에 잠식되지 않습니다. 이는 그의 사고 체계가 단순한 지식의 집합체가 아니라, 진정으로 통합된 지성의 유기체이기 때문입니다.

결국 진정한 사고자는 독서를 통해 얻은 지식을 자신의 것으로 완전히 융합시키고, 자신의 사고 체계를 바탕으로 통찰과 확신을 만들어냅니다. 이는 단순히 타인의 생각을 쌓아 올리는 것과는 근본적으로 다른, 지성의 창조적인 과정입니다.

평생 책을 읽으며 지혜를 얻는 사람들은 다른 사람들의 설명으로 자신의 머리를 채우는 것과 같습니다. 예를 들어, 어떤 나라에 관한 책을 읽은 사람은 그 나라에 대해 많은 이야기를 할 수 있지만, 유기적으로 연결된 깊이 있는 지식을 가지고 있지는 않습니다. 반면에, 스스로 생각하면서 평생을 보내는 사람들은 실제로 그 나라를 여행한 사람들과 닮았습니다. 이들은 자신만이 알고 있는 정보와 경험을 가지고 있습니다.

이들은 실제 상황을 잘 알고 있으며, 자신이 말하는 주제에 대해 깊이 익숙합니다. 따라서 현인은 자기 자신의 직접적인 지식에서 나오는 말을 합니다. 이런 면에서, 현인은 목격자와 같고, 반대로 평범한 책벌레 철학자는 역사가와 같습니다.

독립적으로 사고하는 사람들은 결국 같은 결론에 도달합니다. 이들이 제시하는 차이는 주로 관점의 차이 때문입니다. 관점의 차이가 문제의 본질에 영향을 미치지 않는다면, 이들은 모두 비슷한 방식으로 이야기합니다. 사물에 대한 자신만의 객관적인 인식을 바탕으로 결과를 표현합니다.

반면에, 책벌레 철학자는 주로 누군가 말했던 것, 다른 사람이 의미했던 것, 또는 제3자가 제기한 반박 등을 이야기합니다. 이들은 다양한 의견을 비교하고, 숙고하고, 비판하며, 문제의 진실에 다가가려고 합니다. 이러한 면에서 이들은 비판적인 역사가와 비슷합니다.

예를 들어, 라이프니츠(Leibnitz)가 한동안 스피노자(Spinoza)의 추종자였는지, 혹은 다른 철학적 관계들에 대한 질문을 탐구할 수 있습니다. 이러한 문제는 철학적 비판에 초점을 맞춘 학생들에게 흥미로울 것입니다. 이런 유형의 질문에 관심이 있는 사람은 헤르바르트(Herbart)의 《도덕성의 분석적 해명(Analytical Elucidation of Morality)》과 《자유에 관한 편지(Letters on Freedom)》를 통해 적절한 사례를 찾아볼 수 있습니다.

사람들이 스스로 고생하며 문제를 해결하려는 과정은 겉보기엔 놀라워 보일 수 있습니다. 혼자 그 문제를 조사하면 더 빠르게 목표를 달성할 것으로 보이지만, 이 과정에는 작은 난관이 있습니다. 그것은 바로 문제 해결이 우리의 의지에만 달려 있지 않다는 점입니다.

우리는 언제든지 앉아서 책을 읽을 수 있지만, 생각은 다릅니다. 생각은 우리의 기분에 따라 달라지며, 항상 우리가 원하는 순간에 떠오르지 않습니다. 생각은 자연스럽게, 스스로 떠오르는 것이어야 합니다. 이는 외부 자극, 정신적인 상태, 그리고 주의 집중이 행복하고 조화롭게 결합할 때만 나타날 수 있습니다. 따라서 이런 정신적인 활동 없이 책만 읽는 사람들에게는 결코 참된 사고의 과정이 일어나지 않을 것입니다.

이 현상은 해결해야 할 문제상황에서도 똑같이 나타납니다. 어떤 문제를 해결하려 할 때, 가만히 앉아 문제의 장단점을 분석하고 결론을 내리는 것은 간단해 보이지만, 막상 그렇게 하려고 하면 정신을 집중하지 못하는 자신을 발견하게 됩니다. 이는 당면한 문제에 대한 반감 때문일 수도 있습니다.

이런 경우에는 억지로 문제를 해결하려 하기보다는, 올바른 마음의 틀이 만들어질 때까지 기다리는 것이 필요합니다. 이런 마음의 상태는 종종 갑자기 나타났다가 사라지기를 반복합니다. 숙성된 해결이라는 말로 이러한 긴 과정을 설명할 수 있습니다.

문제 해결의 과정은 종종 분산되어 진행됩니다. 이 과정에서 처음에는 간과했던 많은 것들이 갑작스럽게 떠오르기도 합니다. 반감이 점차 사라지면서, 문제에 대한 시각이 명확해지고, 상황이 처음 생각했던 것보다 덜 나쁘다는 사실을 깨닫게 됩니다.

이 규칙은 지성의 삶과 실천의 문제 모두에 적용됩니다. 적절한 순간이 올 때까지 기다려야 한다는 것입니다. 아무리 뛰어난 사람이라도 스스로 원하는 때에만 생각할 수는 없습니다. 이런 이유로 여가 시간에 독서해야 하지만, 독서가 생각을 대체하지는 못합니다.

독서는 다른 사람의 생각을 마음에 들여오는 행위일 뿐, 자신만의 사고를 통해 얻은 것은 아닙니다. 따라서 독서를 지나치게 많이 해서도 안 됩니다. 독서를 과도하게 하면, 우리의 정신이 타인의 사고에 익숙해져, 자신의 사고 체계를 낯설게 느끼고, 진정한 사고의 힘을 잊을 위험이 있기 때문입니다.

또한, 독서를 위해 현실 세계에서 눈을 떼는 것은 가장 피해야 할 일입니다. 현실의 삶은 생각을 촉발하는 충동과 기질을 훨씬 더 자주 제공합니다. 우리의 앞에 펼쳐진 현실의 삶은 강력한 존재감을 가지고 있으며, 정신을 일깨우고 영향을 주는 데 어떤 책보다 더 강력한 힘을 발휘합니다.

이러한 점을 고려하면, 자발적으로 사고하는 사람과 책벌레 철학자를 구분하는 것은 그리 어렵지 않습니다. 자발적인 사고를 하는 사람의 말에는 진지함, 독창성, 직접성, 개인적 확신이 담겨 있으며, 그의 생각과 표현에서 그것이 고스란히 드러납니다. 반면에 책벌레 철학자는 그가 가진 모든 것이 중고품처럼 보입니다. 그의 생각은 여기 저기서 수집한 낡은 가구와 같고, 정신은 무디며 초점이 없습니다. 복사물을 또 복사한 것처럼 그의 문체는 관습적이고 천박하며, 잠깐 유행하는 말들로 가득합니다.

단순 경험도 독서와 마찬가지로 생각을 대신할 수는 없습니다. 단순 경험과 사고력의 관계는 먹는 것과 소화하는 것의 차이와 같습니다. 인류의 진보가 단순 경험만으로 이루어졌다고 주장하는 것은, 마치 입이 있기 때문에 신체 건강을 유지할 수 있다고 말하는 것과 다르지 않습니다.

올바르게 작동하는 유능한 정신을 가진 사람의 작품은 결단력과 명확함으로 구분됩니다. 그들의 작품에는 모호함이 없으며 산문이든 운문이든, 혹은 음악이든, 표현하고자 하는 것을 정확히 알고 작업합니다. 이런 결단력과 명료함이 없는 사람들은 늘 애매모호하고 혼란스러우며, 그들의 본질적 성격도 드러납니다.

이 모든 점은 사고와 표현의 명확성이 그 사람의 정신과 지성의 깊이를 반영한다는 사실을 다시 한번 보여줍니다.

가장 높은 수준의 정신은 항상 직접적으로 판단합니다. 이러한 정신의 진보는 독립적인 사고의 결과이며, 그 사고는 어디서나 명확하게 표현됩니다. 이런 정신은 마치 군주와 같아서 그의 지위는 위임될 수 없는 최상위 권위를 상징합니다. 최고 수준의 지성은 그 자체로 존귀하며, 그의 판단은 법령과 같아 주권적인 힘에서 나옵니다.

군주가 외부의 명령을 인정하지 않듯이, 독립적으로 사고하는 사람도 외부 권위를 인정하지 않습니다. 그는 오직 자신이 스스로 인정한 것만을 받아들입니다. 반면에, 낮은 수준의 지성은 위임된 권위에 의존합니다. 이러한 사람들은 독립적으로 사고하지 못하며, 그들의 문체에서도 이 점이 분명히 드러납니다. 이들은 유행하는 의견, 외부 권위, 편견 아래에서 분주하게 일하며, 말없이 상위 명령에 복종하고 받아들일 뿐입니다.

타인의 권위에 의존해 논쟁적인 질문을 해결하려는 사람들도 있습니다. 이들은 자신의 결핍된 이해력과 통찰력을 타인의 지식으로 대체할 수 있을 때 진정으로 만족을 느낍니다. 이러한 사람들은 세상에 매우 많습니다.

세네카(Seneca)는 이러한 심리를 "모든 사람은 판단하기보다는 믿는 것을 더 선호한다"라고 간결하게 표현했습니다.

이런 사람들은 논쟁에서 권위라는 무기를 무분별하게 사용하며 서로를 공격합니다. 자신이 믿는 권위를 내세워 상대를 무안하게 만들고, 스스로를 우월하다고 생각하지요. 만약 여러분이 이런 사람들과 논쟁에 휘말리게 된다면, 논리로 대항하려 하지 않는 것이 좋습니다.

이런 사람들은 마치 뿔 달린 지크프리트(Siegfried)와 같습니다. 이들은 생각하고 판단할 능력이 없으며, 대신 권위를 방패처럼 휘두르며 상대를 공격합니다. 논리적인 논쟁으로는 이들을 설득하거나 무너뜨릴 수 없습니다. 여러분이 아무리 논리적이고 합리적으로 대응하더라도, 오직 자신들의 권위를 이용해 스스로 승리했다고 믿고 전투에서 이겼다고 울부짖을 것입니다.

현실 세계에서 우리는 항상 중력의 법칙에 종속되어 있습니다. 공평하든, 우호적이든, 즐겁든, 우리는 끊임없이 중력을 극복해야 하지요. 그러나 지성의 세계에서는 육체가 없는 영혼처럼, 이런 중력의 법칙에 얽매이지 않습니다. 이 세계에서는 빈곤과 고통에서도 해방됩니다. 세상에서 이보다 더 큰 행복은 없을 것입니다. 탁월하고 풍요로운 정신이 저절로 존재할 수 있기 때문입니다.

생각이 존재하는 것은 사랑하는 사람이 존재하는 것과도 같습니다. 우리는 생각을 쉽게 잊지 않듯이, 사랑하는 이를 무관심하게 대하지도 않지요. 그러나 눈에서 멀어지면 마음도 멀어진다는 말처럼, 가장 순수한 생각이라도 적어두지 않으면 돌이킬 수 없이 사라질 것입니다. 사랑하는 사람도 함께하지 않는다면 우리를 떠날 것입니다.

우리 마음속에는 수많은 가치 있는 생각이 존재하지만, 그중에서 반향을 일으키거나 행동으로 이어질 정도의 힘을 가진 것은 소수에 불과합니다. 마찬가지로, 종이에 적힌 생각 중에서도 독자의 공감을 얻을 힘을 가진 것은 많지 않습니다.

우리는 항상 '자신의 상황을 위해' 한 첫 번째 생각에만 진정한 가치를 부여해야 한다는 점을 기억해야 합니다. 이로써 사상가는 자신의 상황을 위해 생각하는 사람인지, 아니면 다른 사람의 상황을 위해 생각하는 사람인지로 나뉩니다.

자신의 상황을 위해 생각하는 사람들은 진정한 독립적인 사상가이자 진실하고 진지한 철학자입니다. 이들에게 생각은 존재의 기쁨과 행복입니다.

반면, 다른 사람의 상황을 위해 생각하는 사람들은 소피스트(sophist, 궤변가)에 속합니다. 이들은 더 나은 사람처럼 보이려 하거나, 세상으로부터 무언가를 얻고자 하는 데서 행복을 찾습니다. 그 외에는 진정성이 없습니다.

이 두 부류의 차이는 전체적인 문체와 태도를 보면 쉽게 드러납니다. 예를 들어, 리히텐베르크(Lichtenberg)는 전자에 속하며 진정한 독립적인 사상가로 평가받습니다. 반면, 헤르더(Herder)는 의심할 여지 없이 후자에 속합니다. 그의 글과 태도는 외부의 인정과 칭송을 더 중요하게 여기는 궤변가의 특성을 보여줍니다.

'존재의 문제'는 방대하면서도 우리에게 아주 가까운 문제입니다. 우리 자신의 존재조차 불명확하며, 고통스럽고, 덧없고, 꿈과도 같습니다. 이처럼 방대하면서도 가까운 존재의 문제를 제대로 마주한 순간, 다른 모든 문제와 목표는 그 빛을 잃고 가려져 모호해집니다. 하지만 이 문제를 명확히 인식하는 사람은 극소수입니다. 대부분의 사람은 존재의 문제를 제대로 보지 못하거나 무시하며, 다른 일에 분주히 시간을 보냅니다.

사람들은 보통 지나가는 하루와 얼마 남지 않은 개인적인 미래 외에는 다른 생각을 하지 않습니다. 존재의 문제를 깊이 고민하는 대신, 이를 명확히 무시하거나 단순한 형이상학적 체계의 일부를 받아들이는 데 만족합니다.

만약 우리가 이 모든 것을 진지하게 받아들인다면, 인간은 아마도 아주 먼 의미에서만 '생각하는 존재'라는 결론에 이를지 모릅니다. 이는 인간의 무지함과 어리석음을 드러내는 특징들에 대해 특별히 놀랄 일이 없다는 뜻이기도 합니다.

오히려, 우리는 평범한 사람들이 가지는 지적인 시야의 한계가 동물의 지적인 능력을 초월한다는 사실을 주목해야 합니다. 동물에게 존재란 반복되는 현재일 뿐입니다. 동물은 과거나 미래에 대한 인식이 전혀 없으며, 그들의 삶은 현재에만 갇혀 있습니다.

만약에 이 세상이 진정으로 생각하는 존재들로 가득 채워져 있다면 모든 종류의 소음이 이토록 폭넓게 허용되지는 않을 것입니다. 이 소음들은 아주 끔찍한 동시에 목적도 형체도 없습니다.[11]

자연이 인간은 생각해야 한다고 믿었다면 인간에게 귀를 주지 말았어야 해요. 아니면 최소한, 공기가 들어가지 못하도록 밀폐된 덮개를 달아 주었어야 했을 것입니다. 박쥐가 부러워할 정도로 훌륭한 덮개를요. 불행히도 인간은 생존을 위한 투쟁에서 겨우 살아남을 힘밖에 없고 추적자들에게 잡히지 않기 위해 밤낮으로 항상 귀를 열어두어야만 합니다.

인간의 존재를 가장 완벽하게 반영하는 희곡에서는 세 단계에 걸쳐 주제를 제시합니다. 이에 따라 작품의 구성과 범위가 다양해집니다.

가장 흔한 첫 번째 단계는 단순히 '흥미를 끄는' 것 이상은 아닙니다. 이 단계에서 등장인물들은 우리의 목적과 비슷한 자신들만의 목적을 따라가며 우리의 관심을 끌어냅니다. 이야기는 음모, 인물의 연기, 그리고 사건을 중심으로 전개됩니다. 이 과정에서 재치와 풍자는 연극 전체에서 양념 같은 역할을 하며 이야기에 생동감을 더합니다.

---

11   역자 주: 쇼펜하우어는 채찍소리를 말하고 있습니다. 비관주의 연구(Studies in Pessimism)에서 소음에 관한 에세이 (Essay On Noise)를 참고합니다.

두 번째 단계에서는 주제가 점점 '감상적'으로 변합니다. 관객은 주인공에게 연민을 느끼게 되며, 이를 통해 우리 자신에 대한 간접적인 연민도 생깁니다. 연기의 분위기는 애처롭게 변해 가지만, 이야기의 끝은 결국 평화롭고 만족스러운 결말로 마무리됩니다.

세 번째 단계에서 희곡은 절정에 이릅니다. 갈등이 최고조에 달하며 이야기가 '비극'으로 향하는 단계입니다. 우리는 이 과정에서 거대한 고통과 폭풍 같은 존재의 압박감에 직면하게 됩니다.

결과적으로, 이 단계는 모든 인간적인 노력의 공허함을 보여줍니다. 깊은 감동은 우리의 의지를 삶의 투쟁에서 직접적으로 분리하려는 힘을 발휘합니다. 또는, 이와 비슷한 감정을 불러일으키는 울림이 우리 안에서 메아리쳐 마음을 움직입니다.

시작은 항상 어렵다고 하지만, 희곡에서는 정반대의 상황이 펼쳐집니다. 희곡에서 갈등은 언제나 마지막에 있기 때문입니다. 이는 수많은 희곡에서 증명됩니다. 1막이나 2막에서는 이야기가 잘 시작되지만, 이후에는 점점 혼란스러워지고, 상황이 고착되거나 불안정해지기 마련입니다. 4막에서도 이 패턴이 반복되지요. 결국에는 모든 사람이 예상하듯 강요받거나 불만족스러운 방식으로 끝납니다. 때로는 레싱(Lessing)의 연극《에밀리아 갈로티(Emilia Galotti)》처럼 결말이 여지없이 역겨운 예도 있습니다. 이런 작품은 관중들이 잔뜩 화가 난

채 집으로 돌아가게 만들어 버리지요.

희곡의 결말에서 이러한 갈등이 나타나는 이유는, 사건을 엉키게 만드는 것이 풀어내는 것보다 더 쉽기 때문입니다. 작가는 자신의 이야기를 자유롭게 구성할 수 있는 '카르트 블랑쉬(carte blanche)', 즉 '백지수표'를 가지고 있지만, 동시에 이야기를 확실하게 마무리해야 하는 의무도 있습니다. 관객은 작가에게 아주 행복하거나, 아니면 아주 비극적인 결말을 요구합니다. 하지만 인간사의 본질은 그렇게 단순하거나 결정적이지 않기 때문에, 우리는 희곡이 자연스러우면서도 힘들지 않고, 동시에 아무도 예상하지 못한 방식으로 끝을 맺기를 기대합니다.

이러한 구성 방식은 서사시와 소설에도 적용될 수 있습니다. 그러나 희곡은 더 촘촘한 구성을 두고 있어 갈등을 증가시키고, 이를 통해 주제를 더 명확하게 드러낼 수 있습니다. 희곡의 본질이 갈등과 극적인 전개에 뿌리를 두고 있기 때문에, 더 강렬한 효과를 발휘하는 것이지요.

"아무것도 없는 것에서 나오는 것은 없다"라는 격언은 다른 영역과 마찬가지로 순수예술에서도 진리로 통합니다. 예를 들어, 역사와 관련된 그림을 그릴 때 훌륭한 화가는 살아있는 사람을 모델로 삼아 기본적인 작업을 한 후, 미적인 관점을 더해 모델의 얼굴을 이상화합니다. 소설가 역시 비슷한 방식으로 작업한다고 생각할 수 있습니다. 소설 속 등장인물을 묘사할 때, 작가는 실제로 아는 인물에게서 기본적인 특성을 가져온 뒤 목적에 맞게 이상화하고 완성합니다.

소설은 내면의 삶을 더 많이 표현하고 외면의 삶은 덜 표현할수록 더 훌륭합니다. 내면과 외면의 삶 사이의 비율은 소설을 판단하는 중요한 기준이 됩니다. 이는 《트리스탐 샌디(Tristram Shandy)》처럼 사건이 거의 없는 소설부터 기사나 도둑에 관한 가장 조잡하고 감각적인 이야기에 이르기까지 모든 소설에 적용됩니다.

실제로, 《트리스탐 샌디》 내용을 보면 사건이 없는 것과 마찬가지입니다. 《라 누벨 엘로이즈(La Nouvelle Heloïse)》와 《빌헬름 마이스터(Wilhelm Meister)》도 그렇습니다. 《돈키호테(Don Quixote)》조차도 등장하는 사건이 상대적으로 적고, 그나마 있는 사건도 아주 하찮으며 재미를 위해 소개된 것에 불과합니다. 하지만 이 4개의 소설은 현재 존재하는 소설 중에서 가장 뛰어난 작품들로 꼽힙니다.

장 폴(Jean Paul)의 멋진 로맨스 소설은 내면의 삶을 풍부하게 보여주는 대표적인 예입니다. 월터 스콧(Walter Scott)의 소설도 외면의 삶보다는 내면의 삶을 훨씬 더 많이 다룹니다. 사건은 인물의 생각과 감정에 영향을 미칠 때만 등장합니다. 수준 낮은 소설에서는 사건이 저절로 생겨나는 경우가 많습니다.

소설가의 기술은 최소한의 상황 안에서 내적인 삶이 생생하게 살아 움직이도록 구성하는 데 있습니다. 우리의 흥미를 자극하는 것은 바로 내면의 삶이기 때문입니다. 따라서, 소설가가 해야 할 일은 큰 사건을 이야기하는 것이 아니라 작은 사건들을 흥미롭게 만드는 것입니다.

역사는 시의 반대라고 생각합니다. 이는 그리스어로 "이스토루메논—페포이아에메논(istoroumenon—pepoiaemenon)"이라 표현할 수 있습니다. 즉, '말하여진 것과 만들어진 것의 대조'를 의미하며, 이는 곧 '역사와 허구의 대조'라고 할 수 있지요.

역사가 시간에 관한 것이라면, 지리학은 공간에 관한 것입니다. 그러나 지리학과 비교했을 때, 역사는 엄밀한 의미에서 더 이상 과학이라고 부르기 어렵습니다. 역사는 보편적인 진실을 다루는 것이 아니라 특정 세부 내용들만 다루기 때문입니다.

역사는 지적인 능력에 부담을 주는 실제적인 지식을 공부하지 않고도 무엇인가를 배우려는 사람들이 선호하는 연구 분야입니다. 매년 수많은 역사 관련 책이 출판되고 있는 것을 보면, 오늘날에도 역사가 여전히 가장 인기 있는 주제 중 하나라는 것을 알 수 있습니다.

연령을 떠나 많은 사람들이 역사를 좋아합니다. 이런 선호 현상은 사회 곳곳에서 유행하는 대화의 방식을 보면 이해할 수 있습니다. 대화는 대개 한 사람이 무엇인가를 이야기하면, 그다음 사람이 다른 주제를 이야기하는 방식으로 진행됩니다. 이렇게 하면 모든 사람이 각자 주목받을 기회를 가질 수 있지요.

이와 유사하게, 현재의 사건이나 역사의 경우에도 사람들은 특정한 세부 내용들에 정신을 쏟습니다. 반면에, 과학이나 모든 가치 있는 대화에서 우리의 마음은 언제나 일반적인 진실을 추구합니다.

결국, 역사는 개인의 흥미를 자극하는 특수한 세부 사항으로 가득 차 있지만, 이는 보편적인 진리를 탐구하는 것과는 거리가 있습니다. 역사가 본질적으로 사람들에게 이야기의 즐거움을 제공하지만, 동시에 일반적이고 심오한 통찰보다는 표면적인 사실에 치우칠 가능성이 있다는 점을 보여줍니다.

이러한 반대 의견이 역사의 가치 자체를 부정하는 것은 아닙니다. 인간의 삶은 짧고 덧없으며, 수많은 사람의 삶이 서로 공유되고 있습니다. 하지만 이 모든 것은 망각의 괴물에게 잡아먹히기 쉽습니다. 이런 상황에서 기억해야 할 흥미롭고 중요한 사건들, 또는 시대의 주요 특징과 인물을 난파선에서 구출하는 일은 아주 의미 있는 과업입니다.

다른 관점에서 보면, 역사는 동물학의 속편처럼 보이기도 합니다. 다른 동물들에 대해서는 그 종(species) 전체를 관찰하는 것만으로 충분하지만, 인간은 각 개인을 개별적인 존재로 바라봐야 합니다. 인간은 특유의 개별적인 특성이 있으며, 이 때문에 개인과 그 개인의 사건들이 연구 대상이 됩니다. 하지만 개인과 사건은 수없이 많고 끝이 없기 때문에, 역사를 연구할 때는 본질적으로 불완전함이 따를 수밖에 없습니다. 역사에서 한 사람이 아무리 많이 학습해도 알아야 할 것들은 절대 줄어들지 않습니다.

진정한 과학에서는 적어도 지식의 완전함을 상상할 수 있습니다. 모든 것을 규명하고, 끝까지 연구할 수 있는 가능성이 존재하지요. 그러나 역사는 그와 다릅니다. 예를 들어, 중국과 인도의 역사를 연구하다 보면, 그 방대한 주제와 끝없이 늘어나는 세부 사항들 때문에 연구의 근본적인 결함을 느끼게 됩니다.

이러한 상황은 역사 연구의 한계를 드러내지만, 역사가들에게는 다른 목적을 일깨워 줍니다. 과학의 목적이 수많은 사례에서 규칙을 찾아내고, 인류의 지식을 국가나 사회의 삶에 적용하는 데 있다는 것을 보여줍니다. 결국, 역사에서 모든 사실을 끝없이 세어 나가는 것이 중요한 것이 아니라, 의미 있는 패턴과 원리를 발견하는 것이 핵심이라는 점을 깨닫게 되는 것이지요.

따라서 역사는 방대한 사실들 속에서 우리가 어떤 것들을 기억하고 배워야 하는지를 고민하게 하는 학문으로, 여전히 중요한 가치를 지니고 있습니다.

역사에는 두 가지 종류가 있습니다. 하나는 정치에 관한 역사, 그리고 다른 하나는 문학과 예술에 관한 역사입니다. 전자는 의지의 역사이고, 후자는 지성의 역사입니다. 의지의 역사는 비통함과 공포의 이야기로 가득하며, 고통, 투쟁, 음모, 끔찍한 대량 학살의 기록이 담겨 있습니다. 지성의 역사는 즐겁고 고요합니다. 비록 그 길이 오류로 가득하더라도 말이지요.

철학의 역사는 지성의 역사 근간에 깔린 근본적인 음조라고 할 수 있습니다. 철학은 다른 역사 안에서도 그 음조를 들을 수 있는 깊은 기저에 흐르는 소리입니다. 이 소리가 여론을 형성하게 하고, 여론은 세상을 지배합니다. 올바르게 이해된 철학은 느리게 움직이지만, 그 힘은 강력합니다. 그렇기 때문에 한 시대의 철학은 역사의 밑바닥에서 고요히 흐르는 음조와 같다고 할 수 있습니다.

신문(언론)은 역사라는 시계에서 초침에 해당합니다. 초침은 시침과 분침을 만드는 데 쓰이는 금속보다 질이 떨어지는 금속으로 만들어졌으며, 제대로 가지 않는 경우가 많습니다. 이른바 사설은 흘러가는 사건의 드라마에 대한 합창입니다.

과장은 희곡에서와 마찬가지로 저널리즘의 필수 요소입니다. 저널리즘의 목적은 사건을 가능한 한 널리 알리는 것이기 때문에, 모든 저널리스트는 직업의 특성상 불안을 조성하는 사람들입니다. 저널리스트는 글을 쓰고, 그 글에 사람들의 주의를 끄는 방식으로 자신의 역할을 합니다. 이런 점에서 저널리스트는 작은 개들과 비슷합니다. 조그만 움직임이 감지돼도 즉시 날카롭게 짖어대는 모습과 닮았지요.
위험을 알리는 소리에 주의를 기울일 때는 주의력을 조절해야 합니다. 그렇지 않으면 소화불량에 걸릴 수도 있습니다.

생각과 펜의 관계는 걷기와 지팡이의 관계와 비슷합니다. 하지만 지팡이가 없을 때 가장 쉽게 걸을 수 있듯이, 손에 펜이 없을 때 우리의 사고력은 가장 완벽해집니다. 지팡이를 사용하고 싶고, 기쁜 마음으로 펜을 잡는 것은 우리가 늙기 시작할 때뿐입니다.

가설이 마음속에 생성되거나 자리를 잡으면 이는 유기체의 삶에 비유할 수 있는 생을 시작합니다. 가설은 자신과 같은 종이거나 유익한 것일 때만 외부 세계의 물질에 동화됩니다. 같은 종이 아니거나 해로운 물질이라면, 그 물질을 내던져 버려야 합니다. 심지어 강요에 의해 받아들인 것이라도 결국에는 그것을 완전히 제거하게 됩니다.

작가가 '불멸의 생명력'을 얻기 위해서는 수많은 탁월함을 소유해야 합니다. 그의 탁월한 작품을 이해하고 감상할 사람을 찾는 일은 쉽지 않지만, 일부라도 가치를 인식하고 소중하게 여길 수 있는 사람들은 모든 시대에 존재할 것입니다. 인간의 관심사는 항상 변하지만, 위대한 책의 명성은 이런 방식으로 수 세기 동안 유지됩니다.

이렇게 생명력이 후대까지 이어지는 작가는 넓은 세상에서 자신과 비슷한 사람을 찾으려 합니다. 아니, 방랑하는 유대인처럼 수 세대에 걸쳐 살더라도, 그는 여전히 똑같이 탁월한 지위를 유지할 것입니다. 그렇지 않다면, 그의 생각이 다른 사람들의 생각처럼 소멸하지 않는 이유를 설명할 수 없습니다.

'은유'와 '비유'는 아주 큰 가치를 지닙니다. 이는 알려진 것으로 알려지지 않은 것을 설명할 수 있기 때문이지요. 좀 더 정교한 비유는 발전하여 우화나 풍자로 이어집니다. 개념의 발전은 근본적으로 비유에 의존합니다. 개념은 유사성을 결합하고 사물 간의 차이를 제거하는 과정에서 생겨나기 때문입니다.

게다가 엄격한 의미에서 지성은 궁극적으로 관계를 파악하는 데에 있습니다. 서로 멀리 떨어져 있는 사례들을 비교하거나 성질이 다른 것들을 비교할 때, 관계를 순수하고 분명하게 이해할 수 있습니다. 만약 우리가 어떤 관계를 단지 하나의 사례로만 존재한다고 알고 있다면, 그것에 대해 개별적으로 아는 것에 불과합니다. 다시 말하면, 단지 직관적인 지식에 머무르는 것입니다. 하지만 두 개의 다른 사례에서 같은 관계를 보게 된다면, 우리는 그 관계의 전체 본질에 대한 일반적인 개념을 이해하게 됩니다. 이렇게 함으로써 우리의 지식은 더 깊고 완벽해지는 것이지요.

비유와 은유는 지식의 강력한 엔진입니다. 특히, 작가의 비유가 독특하고 초점을 꿰뚫고 있다면, 이는 작가가 지닌 위대한 지성의 표시라고 할 수 있습니다. 아리스토텔레스(Aristotle)는 작가에게 가장 중요한 것은 은유의 힘을 지니는 것이라고 말했습니다. 은유의 힘은 후천적으로 얻을 수 없는 재능이며, 천재성의 표시이기 때문입니다.

'독서'에 관해서 이야기하자면, 지금까지 읽은 것을 모두 기억하라고 요구하는 것은 지금까지 먹은 모든 것을 몸에 간직하라는 것과 같습니다. 신체에 영양분을 준 음식이 있듯이, 정신에 영양을 제공한 음식도 있습니다. 우리가 지금의 모습으로 성장한 것은 이 두 가지 영양분 덕분입니다.

신체가 몸에 맞는 음식만 흡수하듯이, 우리의 정신 역시 관심을 끄는 것만을 남깁니다. 사고 체계나 삶의 목적에 부합하는 것들만이 기억 속에 남는 것이지요. 이것이 바로 독서가 우리의 정신을 풍요롭게 만드는 방식입니다.

좋은 책을 읽으려면 나쁜 책을 피해야 합니다. 인생은 짧고, 우리의 시간과 에너지는 유한하니까요.

"반복은 학문의 어머니"라고 하지요. 중요한 책은 한 번이 아니라 두 번 이상 읽어야 합니다. 두 번째 읽을 때는 책의 여러 부분 간의 연결이 더 잘 이해됩니다. 이는 결론을 알고 시작 부분을 다시 읽게 되면 그 내용을 더 깊이 이해할 수 있기 때문입니다.

또한, 첫 번째 읽을 때와 두 번째 읽을 때 우리의 기분과 성향은 다릅니다. 두 번째 읽을 때는 모든 구절을 새로운 관점으로 보고 책 전체에 대해 새로운 인상을 받게 됩니다. 결국에는 같은 책이지만, 마치 다른 각도에서 비추는 빛의 색을 보는 것과 같습니다.

한 사람의 작품은 그가 가진 정신의 정수입니다. 설령 엄청난 능력을 갖춘 사람이라 하더라도 그의 작품은 항상 그의 대화보다 더 가치가 있습니다. 본질적인 문제에 있어서, 작품은 저자와의 개인적인 교류에서 부족한 점을 보완해 줄 뿐 아니라, 그 부족함을 훨씬 뛰어넘는 확실한 이점을 제공합니다.

적당한 천재성을 가진 사람의 글조차도 유익하고 읽을 가치가 있으며 교훈적일 수 있습니다. 그 사람의 정수이기 때문입니다. 글은 저자의 생각과 연구의 결과이자 열매입니다. 반면에 그와의 대화는 실망스러울 수도 있습니다.

우리가 읽는 책과 그 책을 쓴 사람은 서로 다릅니다. 즐겁게 읽었던 책의 저자와 직접 함께 있는 것이 전혀 즐겁지 않을 수도 있습니다. 결국, 사람이 아니라 책에서 즐거움을 찾을 수 있다는 점이 중요합니다.

제6장

ON CRITICISM
·
비평

비평에 대해 간단히 이야기해 보겠습니다. 좋은 비평가는 마치 아주 희귀한 새, 즉 '라라 아비스(rara avis)'와 같아서 피닉스처럼 500년에 한 번 나타날 정도로 드뭅니다.

먼저 '취향'이라는 말에 대해 살펴봅시다. 이 단어는 보통 규칙을 고려하지 않고 미적으로 옳은 것을 발견하거나 인식하는 능력을 의미합니다. 이는 특정한 규칙이 아직 없거나, 있다 하더라도 예술가나 비평가가 그 규칙을 모를 때 발생합니다. '취향'이라는 표현 대신 좀 더 명확하게 '심미적 감각'이라는 표현을 사용할 수 있습니다.

직관적인 비판적 취향은 위대한 작품을 창작할 수 있는 능력이 아니라 올바르게 받아들이는 능력이라고 할 수 있습니다. 이 능력은 미적 가치, 적합성, 아름다움, 그리고 반대되는 것들을 구별하고 평가하는 데 사용됩니다. 즉, 선과 악을 구별하며 가치를 인정하거나 비판하는 행위입니다.

그러나 천재를 평가할 때, 그의 작품 중에서 오류나 수준이 낮은 부분을 비판하여 전체를 낮게 평가하는 것은 적절하지 않습니다. 비평은 오직 최고 작품을 중심으로 이루어져야 합니다.

모든 인간이 그렇듯, 가장 뛰어난 천재들조차도 본성의 나약함과 괴팍함에서 자유롭지 못합니다. 따라서 위대한 작품에서도 큰 오류가 발견될 수 있습니다. 이와 관련해 고대 시인 호라티우스(Horace)는 이렇게 말했습니다.

호메루스도 가끔 졸 때가 있다.

(Quandoque bonus dormitat Homerus.)

천재성을 구분하고 판단하기 위해 사용해야 할 기준은, 천재가 적절한 환경과 상황에서 얼마나 높은 경지로 날아오를 수 있느냐입니다. 이는 평범한 재능으로는 도달할 수 없는 수준을 뜻합니다.

같은 영역의 두 위대한 인물을 비교하는 일은 매우 신중해야 합니다. 예를 들어, 위대한 시인 두 명, 위대한 음악가 두 명, 또는 철학자나 화가 두 명을 서로 비교할 때, 어느 한쪽을 불공정하게 평가하게 될 위험이 큽니다. 보통 이런 비교에서는 한쪽의 특별한 장점을 부각하며 다른 쪽은 그 점이 없다고 비난하고, 반대로 다른 작품의 독특함을 발견하며 처음 평가했던 쪽을 낮추게 되지요. 그 결과, 두 사람의 천재성 모두 공정하게 평가받지 못하게 됩니다.

비평가 중에는 무언가를 좋게 평가하거나 나쁘게 평가하는 것이 전적으로 자신의 책임이라고 믿는 사람들이 있습니다. 이런 비평가들은 자신의 초라한 장난감 트럼펫을 명성이 높은 트롬본으로 착각합니다.

약이 너무 많이 사용되면 그 효과를 잃듯이, 정의(justice)의 범위를 벗어난 지나친 비난과 비판은 목적을 달성하지 못합니다.

지성의 업적에서 아무것도 제대로 이루지 못한 사람들이 우수한 업적에 대해 칭찬을 줄 때까지 기다려야 한다는 것은 재앙에 가깝습니다. 더 큰 불행은 이런 무기력한 비판적 능력들이 인류의 가장 뛰어난 업적에 대해 권위를 가지게 되는 상황입니다. 비판은 평범한 사람들이 자주 발휘하는 자질일 뿐입니다. 정말로 가치 있는 비판적 능력은 자연으로부터 드물게 부여받은 희귀한 재능입니다.

이런 이유로 라 브뤼에르(La Bruyère)의 다음 말이 안타깝게도 명확한 진실로 다가옵니다.

> **분별력의 정신 다음으로, 세상에서 가장 희귀한 것은**
> **다이아몬드와 진주이다.**
> (Après l'esprit de discernement, ce qu'il y a au monde de plus rare,
> ce sont les diamants et les perles.)

분별력의 정신! 비판적 능력! 이들은 사람들에게 진정으로 부족한 것들입니다. 사람들은 진품과 모조품, 알곡과 쭉정이, 금과 구리를 구별하는 법을 모르고, 천재와 평범한 사람을 가르는 땅속의 깊은 고랑을 알아차리지 못합니다. 어떤 오래된 시는 세상의 위대한 사람들은 보통 죽은 후에 알려진다고 말하기도 했습니다. 아래는 프리드리히 실러의 시중 일부분입니다.

세상의 위대한 자들의 운명,

그들이 더 이상 존재하지 않을 때 비로소 우리에게 인식된다.

(Es ist nun das Geschick der Großen hier auf Erden, erst, wenn sie

nicht mehr sind, von uns erkannt zu werden.)

아주 뛰어난 작품이 등장할 때 그 작품이 직면하는 큰 어려움 중 하나는, 그 분야에 이미 쌓여 있는 수많은 나쁜 작품들이 마치 좋은 작품인 것처럼 받아들여지고 있다는 사실입니다. 이러한 상황에서 새롭게 등장한 작가는 힘든 투쟁을 거쳐 스스로의 가치를 증명하고 명성을 쌓아야 합니다. 이는 긴 시간이 흐른 뒤에야 가능할 수도 있지요.

하지만 명성을 얻은 이후에도 새로운 장애물이 기다리고 있습니다. 바로 가식적이고 멍청한 모방꾼들의 등장입니다. 이들은 뛰어난 작품과 비슷한 외형을 흉내 내며 대중의 눈을 속입니다. 더 큰 문제는 대중이 천재와 모방꾼의 차이를 알아보지 못한다는 점이에요. 이로 인해 모방꾼들은 천재의 옆에 서게 되고, 사람들은 이들을 같은 수준의 작가로 간주하려 합니다.

이러한 상황은 이리아르트(Yriarte)가 그의 28번째 우화의 첫 번째 줄에서 지적했던 것을 상기시킵니다. 이는 진정한 천재에게 지속적인 도전과 시련을 안겨주는 현실을 잘 표현한 말입니다.

무지한 대중은
좋은 것과 나쁜 것을 동일하게 평가하는 경향이 있다.
(Siempre acostumbra hacer el vulgo necio
De lo bueno y lo malo igual aprecio.)

셰익스피어(Shakespeare)의 희곡조차도 그가 세상을 떠난 직후, 진가를 제대로 인정받지 못한 채 벤 존슨(Ben Jonson), 매싱어(Massinger), 보몬트(Beaumont), 플레처(Fletcher)와 같은 작가들에게 그 우월한 자리를 백 년 동안이나 내주어야 했습니다. 마찬가지로, 칸트(Kant)가 구축한 진정한 철학도 피히테(Fichte), 셸링(Schelling), 자코비(Jacobi), 헤겔(Hegel)의 헛된 이론들에 밀려 한동안 그 자리를 빼앗겼습니다.

또한, 우리가 쉽게 접근할 수 있는 영역에서도, 뛰어난 작가 월터 스콧(Walter Scott)이 대중의 사랑을 받다가도, 이내 무가치한 모방꾼들에게 그 관심을 빼앗기는 것을 보았습니다. 이처럼 대중은 탁월함을 알아보고 인정하는 능력이 부족하다는 것을 알 수 있습니다. 그들은 시, 철학, 예술에서 위대한 업적을 남기는 인물을 찾는 일이 얼마나 어려운지조차 이해하지 못합니다. 진정으로 특별한 가치와 독창성을 가진 사람을 알아보고 그에 합당한 관심을 주는 일이 얼마나 중요한지 모르는 것입니다.

시든 철학이든, 어떤 고귀한 예술 분야에서든, 신(god)도 사람도 서점 주인들도 모방꾼들의 평범함을 용서해서는 안 됩니다. 이는 날마다 우리에게 상기되어야 할 가치 없는 진리입니다. 모방으로 가득 찬 평범한 작품들이 진정한 탁월함을 압도하지 않도록 늘 경계해야 합니다.

평범함은 시인에게 허용되지 않는다.

인간도, 신도, 기둥도 그것을 허락하지 않는다.[12]

(Mediocribus esse poetis

Non homines, non Dî, non concessere columnae.)

이들은 온 땅을 뒤덮고 곡식이 자라지 못하게 하는 잡초가 아닐까요? 너무 일찍 세상을 떠난 포이흐터슬레벤(Feuchtersleben)[13]은 그

---

12 호라티우스(Horace), 《시의 예술(Ars Poetica)》, 372

13 역자 주: 오스트리아의 의사이자 철학자, 시인입니다. 그의 가장 유명한 노래는 〈Es ist

의 시에서 위대한 작품이 조용하게 무르익는 동안 아무것도 없다고 성급하게 울부짖는 군중의 아우성 속에서 슬픔에 잠긴 채 조용히 갈 길을 가는 위대한 작가들을 노래하고 있습니다.

아니라고 그들은 뻔뻔하게 외친다.
작품에 아무것도, 아무것도 이루어진 것이 없다!
그리고 그 위대한 작품은 그사이에
조용히 성숙해 간다

이제 그것이 나타난다
아무도 보지 못하고,
아무도 소란 속에서 듣지 못한다
겸손한 슬픔 속에서 조용히 지나간다

거짓되거나 잘못된 이론이 오랜 시간 동안 유지되는 것을 보면 과학에서도 비판 능력의 상실이 존재한다는 사실을 알 수 있습니다. 한 번 받아들여진 잘못된 이론은 진실에 직면하더라도 쉽게 사라지지 않습니다. 마치 파도에 잠긴 부둣가의 말뚝처럼 50년, 때로는 100년

---

bestimmt in Gottes Rath〉으로 멘델스존이 작곡했습니다.

이상 자리를 지킬 수 있지요.

예를 들어, 코페르니쿠스(Copernicus)가 자신의 지동설을 발표한 후에도 천동설(Ptolemaic system)은 100년 이상 유지되었습니다. 베이컨(Bacon), 데카르트(Descartes), 로크(Locke)와 같은 사상가들의 업적도 널리 알려지기까지는 오랜 시간이 걸렸습니다. 프랑스 수학자이자 철학자인 달랑베르(d'Alembert)의 《백과사전》 서문에서도 이 같은 어려움을 엿볼 수 있습니다.

뉴턴(Newton)도 예외는 아니었습니다. 그의 《프린키피아(Principia)》가 출간된 이후에도 그의 중력이론은 즉각적으로 수용되지 않았습니다. 라이프니츠(Leibnitz)는 클라크(Clarke)와의 논쟁에서 뉴턴의 중력이론을 강하게 비판했으며, 뉴턴이 살아 있는 동안에도 그의 이론은 자국인 영국에서만 제한적으로 받아들여졌습니다.

뉴턴이 죽고 나서도 그의 이론은 여전히 전 세계적으로 주목받지 못했습니다. 볼테르(Voltaire)가 뉴턴의 이론을 설명한 논문을 발표했을 때, 영국 밖에서 뉴턴의 중력이론을 지지한 사람은 고작 20명 정도였다고 합니다. 뉴턴이 죽은 후 약 20년이 지나서야 볼테르의 논문 덕분에 프랑스에서도 뉴턴의 이론이 비로소 알려지게 되었습니다.

이 모든 사례는 혁신적인 과학 이론이 받아들여지기까지 얼마나 긴 시간이 걸릴 수 있는지를 보여줍니다.

특히 프랑스에서는 데카르트의 '소용돌이(Vortices)' 이론[14]이 받아들여졌습니다. 이는 애국적인 태도가 만든 결과이기도 했습니다.

불과 40년 전에는 이 같은 데카르트 철학은 프랑스 학교에서 금지되었습니다. 이제는 다그네소(d'Agnesseau) 총리가 뉴턴 이론에 관한 볼테르의 논문에 대한 허가를 거부했어요. 뉴턴의 색 이론은 괴테(Goethe)의 논문이 발표된 지 40년이 지났지만 아직도 그 자리를 지키고 있습니다. 흄(Hume)은 아주 일찍부터 대중적인 문체로 글을 썼음에도 50살까지 무시당했습니다. 칸트는 글을 쓰고 토론하는 데에 한평생을 보냈지만 60살이 되어서야 유명해질 수 있었어요.

예술가와 시인은 확실히 철학자보다는 기회가 더 많습니다. 예술가와 시인을 위한 대중이 적어도 100배는 더 많을 테니까요. 그렇다고 해도 베토벤(Beethoven)과 모차르트(Mozart)는 살아있는 동안 어떻게 생각했을까요? 단테(Dante)는요? 심지어 셰익스피어(Shakespeare)는 어땠을까요? 만약에 동시대의 사람들이 어떤 식으

---

14 르네 데카르트가 제안한 이론으로, 우주가 물질의 소용돌이로 가득 차 있으며, 이러한 소용돌이가 천체의 운동을 설명한다고 주장합니다. 이 아이디어는 공간과 물질의 본질에 대한 그의 광범위한 철학의 일부로, 뉴턴의 중력 이론과 대조됩니다.

로든 셰익스피어의 가치를 인정했다면 미술이 번성하던 시대에 잘 그려진 공인된 초상화가 하나라도 전해지지 않았을까요? 대신에 아주 의심스러운 그림 몇 점, 형편없는 구리판, 그리고 그의 무덤에는 훨씬 더 나쁜 흉상만이 있을 뿐입니다.[15] 마찬가지로 그가 정당하게 평가받았다면 제대로 된 필적 표본이 수백 명에게 전해졌을 것입니다. 지금은 법적인 문서의 몇 안 되는 서명만이 남아 있을 뿐입니다.

포르투갈 사람들은 여전히 자신들의 위대한 시인인 카무앵스(Camoëns)를 자랑스럽게 여깁니다. 그러나 그가 생전에 겪었던 삶의 현실은 대단히 비참했습니다. 그는 인도에서 데려온 노예가 매일 저녁 길바닥에서 얻어 온 음식으로 연명해야 했습니다. 이 이야기는 종종 정의가 얼마나 늦게 찾아오는지를 보여주는 상징적인 사례로 언급됩니다. 정의는 결국 실현되지만, 마치 법정에서 판결처럼 너무 늦게 이루어져 그 결과를 누릴 사람이 없을 때도 많다는 것입니다.

시간은 고귀한 신사다. (Tempo è galant uomo.)

---

15   A. Wivell (에이브라함 위벨): 셰익스피어 초상화의 역사, 진위 및 특성에 대한 연구: 21개의 판화가 포함되어 있음. 런던, 1836.

"죽기 전에 아무도 복되다고 판단하지 말라"[16]는 시라크(Sirach)의 아들 예수(유대교의 율법학자)의 교훈은 충실히 지켜지고 있어요. 불멸의 역작을 만들어낸 사람은 인도 신화에 나오는 말로 위로를 받아야 할 것 같습니다. 죽지 않는 삶에서의 몇 분은 지상에서의 몇 년과 같으니까요.

비판적 통찰력이 부족하기 때문에 이전 시대의 뛰어난 작품은 존경받지만, 현시대의 작품은 종종 오해를 받고 제대로 평가받지 못합니다. 좋은 작품이 받아야 할 관심은 나쁜 작품에 빼앗기며, 이러한 상황은 10년마다 반복되고 새로운 세대의 희생물이 되곤 합니다.

사람들은 자기 시대에 나타난 작품의 진가를 깨닫는 데 시간이 걸립니다. 이 사실은 사람들이 이미 널리 인정받은 천재의 작품을 이해하거나 진정으로 감상하거나 가치 있게 여기지 않는다는 점을 보여줍니다. 단지 권위라는 외형적인 성과에서 점수를 매길 뿐입니다.

나쁜 작품이 얻게 된 명성은 한두 세대를 이어가기도 합니다. 피히테(Fichte)의 철학이 그 예입니다. 하지만 많은 대중이 잘못된 작품

---

16   구약 외전 중 한 권인《집회서》, 11장 28절

에 높은 평가를 내릴수록 그 몰락 또한 더 빨리 이루어지는 경향이 있습니다.

위대한 작품의 가치는 그것을 알아보고 감상할 수 있는 사람들의 지적 능력과 친밀감에 따라 결정됩니다. 태양이 그것을 바라보는 눈에만 빛을 비추고, 음악이 귀 기울여 듣는 사람에게만 들리듯, 예술과 과학에서 걸작의 가치는 이를 이해할 수 있는 사람들에게만 드러납니다. 이러한 능력을 갖춘 사람들만이 걸작에 담긴 영혼을 깨워내는 마법의 주문을 외울 수 있습니다.

평범한 정신을 가진 사람들에게 걸작은 봉인된 미스터리 상자와 같습니다. 연주자가 아무리 능력을 뽐내려 해도 어지러운 소리만 낼 수 있는 생소한 악기처럼 말이지요. 마찬가지로 그림은 밝은 빛 속에서 볼 때와 어두운 구석에서 볼 때 전혀 다르게 보입니다. 걸작이 주는 인상 또한 그것을 이해하는 사람의 정신적 깊이와 크기에 따라 달라집니다.

훌륭한 작품은 그 아름다움을 알아볼 수 있을 만큼 예민한 마음의 소유자가 있어야 비로소 생명력을 가질 수 있습니다. 작품의 존재와 지속은 그런 사람들의 공감과 이해에 달렸지요. 그러나 안타깝게도 작가는 자신의 아름다운 작품을 세상에 내놓았지만, 마치 불꽃놀이를 준비한 사람처럼 느끼는 경우가 많습니다. 수많은 시간과 노력을 들여 준비한 경이로운 불꽃놀이를 열정적으로 펼쳤지만, 관객들이 모두 시각장애인들이었다는 사실을 깨닫는 순간, 자신이 잘못된 곳에 왔음을 알게 됩니다.

친밀감은 모든 즐거움과 기쁨의 근원입니다. 아름다움에 관해 이야기하자면, 동물의 세계에서 가장 아름다운 종은 바로 인간 자신입니다. 사람들은 본능적으로 자신과 닮은 사람들에게 끌리며, 멍청한 사람은 위대한 지성인들의 모임보다 다른 멍청이들과 어울리는 것을 더 즐겁게 여깁니다. 이는 사람들이 자신의 일과 관련된 사람들, 자신과 비슷한 사고를 하는 이들 속에서 가장 큰 기쁨과 의미를 찾기 때문입니다. 일은 곧 자신의 생각을 비추는 거울이자 메아리와 같으니까요.

둔하고 얕으며 비뚤어진 사고방식을 가진 사람들은 비슷한 사람들의 말과 행동에서 진심 어린 찬사를 보냅니다. 반대로, 위대한 현인들의 업적에 대해서는 단지 권위의 힘으로만 인정할 뿐입니다. 이들은 자신만의 의견을 말하는 것을 두려워하며, 천재의 작품에서 아무런 기쁨도 매력도 느끼지 못합니다. 그러면서도 이런 사실을 스스로 인정하지 못하지요. 천재의 작품은 지적 특권층의 즐거움이라 할 수 있습니다. 특히, 아무도 그 작품을 이해하거나 알아보지 못하고 권위도 없는 상태에서 작품을 평가하는 것은 상당한 정신적 우월함을 요구합니다.

이 모든 점을 고려할 때, 독자는 위대한 작품이 명성을 얻는 데 걸린 시간보다 명성을 얻었다는 사실 자체에 더 놀라야 합니다. 사실, 명성은 매우 느리고 복잡한 과정을 통해 형성됩니다. 어리석은 사람들은 자기보다 바로 위에 있는 사람의 우월성에 점차 익숙해지고, 그들 앞에서 고개를 숙이는 법을 배웁니다. 이렇게 형성된 투표의 무게가 단순히 투표수를 넘어설 때 비로소 합당한 명성이 탄생합니다.

천재가 명성을 얻는 과정은 마치 왕이 신하들을 통해 자신의 권위를 확립하는 과정과 비슷합니다. 천재는 뛰어난 능력을 갖추고 있지만, 그 명성을 인정받기까지는 시간이 걸립니다. 왜냐하면 처음에는 천재를 알아보고 그의 진가를 인정하는 사람이 매우 적기 때문입니다.

왕의 권위가 모든 신하에게 바로 미치지 않는 것처럼, 천재의 영향력도 즉각적으로 모든 사람에게 다가가지 않습니다. 왕의 명령은 최상위 신하들, 즉 장관과 차관 같은 핵심 인물들을 통해 점차 하급 관리들에게 전파됩니다. 하급 관리들은 왕의 서명을 직접 확인하지 못하고 상관의 서명만 믿고 따르지요. 이처럼 천재의 명성도 먼저 소수의 이해자와 지지자들로부터 시작됩니다. 이들이 천재의 가치를 증명하고 지지하면서 천재의 명성은 점차 널리 퍼지게 되는 것입니다.

천재가 처음에는 그저 소수의 사람에게만 인정받고, 점차 더 많은 사람들에게 받아들여지는 것은 명성의 자연스러운 과정입니다. 이 과정이 초기에는 느리고 제한적이지만, 일정한 수준에 도달하면 멈추지 않고 널리 확산합니다. 천재의 명성은 결국, 가장 높은 권위에서 시작되어 아래로 점차 전파되며, 모든 사람에게 닿을 때까지 멈추지 않는 흐름이 됩니다.

수많은 사람이 자신만의 책임 있는 판단을 내리기보다는 권위에 기대는 현실은 한편으로는 다행스럽다고 볼 수도 있습니다. 만약 모든 사람이 플라톤, 칸트, 호머, 셰익스피어, 괴테 같은 위대한 작가들의 작품을 직접 읽고 즐기며 자신의 의견을 형성하려 했다면, 그들의 작품에 대한 비평은 매우 혼란스러워졌을 것입니다. 실제로 많은 사람은 이 작가들의 작품을 제대로 평가할 능력이 없기 때문에 권위에 의존하여 자신의 의견을 제시하곤 합니다. 이렇게 권위에 의존하는 것은 진정한 가치가 쉽게 명성을 얻지 못하게 만들지만, 다른 한편으로는 사람들이 자신보다 조금 더 나은 사람의 판단을 받아들이고 따르는 정도의 비판력을 지니고 있다는 점에서 긍정적입니다.

결국, 소수의 권위 있는 판단에 기초한 계층적 위계가 형성됩니다. 이러한 위계는 꾸준하고 널리 퍼지는 명성을 만들어내는 기반이 됩니다. 사회에서 가장 아래에 있는 사람들은 위대한 천재들의 영향을 직접적으로 받지 않더라도, 천재를 기념하는 기념비와 희미한 인상을 통해 그 위대함을 어렴풋이 느낄 수 있습니다.

문학지는 이 상황에서 중요한 역할을 해야 합니다. 그것은 문학과 출판계에서 터무니없는 글과 쓸모없는 책의 범람을 막는 방파제 역할을 해야 하며, 공정하고 엄격한 판단을 유지해야 합니다. 무능한 저자와 이익만을 추구하는 출판사들이 생산하는 나쁜 글과 속 빈 작품을 강하게 비판해야 합니다. 현존하는 책의 열에 아홉은 엄격한 평가를 받아야 마땅하며, 문학지는 독자의 시간과 돈을 낭비하지 않도록 책임감을 가지고 대중을 속이는 시도를 막아야 할 의무가 있습니다.

만약 진정으로 공정하고 강력한 문학지가 존재한다면, 형편없는 작품을 만드는 나쁜 작가, 생각 없는 편집자, 남의 책을 베껴 쓰는 표절 작가, 거짓 철학자, 그리고 엉터리 시인들은 모두 두려움에 떨게

될 것입니다. 이들의 형편없는 작품들이 날카로운 비판에 의해 만천하에 드러날 테니까요. 이러한 비판은 단순히 개인의 명성을 깎아내리는 데 그치지 않고, 문학계를 건강하게 만드는 데 기여할 것입니다. 왜냐하면 문학에서 나쁜 작품은 단순히 무의미하거나 쓸모없는 것이 아니라, 독자와 문화에 심각한 해를 끼칠 수 있기 때문입니다.

칭찬 역시 신중하게 사용되어야 합니다. 남발해서는 안 되며, 개인적인 이득이나 관계를 고려하여 사용해서도 안 됩니다. 칭찬은 종종 서로 간에 주고받는 거래처럼 이루어질 위험이 있기 때문입니다. 이를 경계하지 않으면 문학계는 진정성을 잃고 가식적인 관계로 가득차게 될 것입니다.

로마의 격언에는 이런 말이 있습니다.

겸손하게 다가가라. 네가 없는 자리에서 칭송받고, 칭송할 수 있도록.
(Accedas socius, laudis lauderis ut absens.)

문학에서 무조건적인 관용을 베푸는 것은 오히려 해롭습니다. 특히 문학에서 멍청하고 부족한 작품이나 글을 무작정 수용하는 것은 더 큰 문제를 일으킬 수 있습니다. 이런 작품들은 문학 세계에서 무례한 침입자와 같으며, 나쁜 것을 나쁘다고 말하는 것은 좋은 문학을 지키기 위한 의무입니다. 나쁜 것에 무관심한 사람은 좋은 것에도 무관심하게 되기 마련이니까요.

사회적 관계에서는 예의가 중요하지만, 문학에서는 오히려 부작용을 초래할 수 있습니다. 예의를 핑계로 나쁜 것을 좋다고 포장하면 문학의 본질을 해칠 수 있기 때문입니다. 이는 과학과 예술의 목표가 좌절되는 결과를 초래합니다.

문학을 이상적으로 평가하고 이끄는 문학지는 부패하지 않은 정직함과 깊은 지식, 그리고 명확한 판단력을 가진 사람들만이 만들어 낼 수 있을 것입니다. 그러나 그런 사람들은 너무나 드물어서 전국적으로도 찾아보기 어려운 경우가 많습니다.

그렇지만 문학에서도 정의로운 재판이 이루어질 수 있는 아에로파고스(Aeropagus)[17]와 같은 이상적인 심판 기구가 존재할 수도 있습니다. 모든 재판관은 공정하게 선출되어야 하고, 문학계의 부정과 파벌의 영향을 배제해야만 하지요. 그러나 현실은 이상과 거리가 멉

17　고대 아테네의 정치 기구입니다. 아레이오스 파고스라는 말은 '아레스 신의 바위'라는 의미입니다. 고대 로마의 원로원과 같은 역할을 했으며, 의도적 살인에 대한 재판 법정의 기능도 했습니다.

니다.

　현재 많은 문학지는 특정 파벌에 의해 운영되거나 심지어 은밀히
서점 경영인들에 의해 조정되고 있을 가능성이 있습니다. 이는 책 판
매를 목적으로 하며, 문학적 가치를 평가하기보다 상업적인 이익을
우선시하는 경향을 보여줍니다. 이런 구조 속에서 문학지는 종종 뛰
어난 작가나 작품의 성공을 방해하는 부정적인 세력의 도구로 작용
하기도 합니다. 괴테(Goethe)도 과거에 "어느 곳도 문학만큼 부정이
많은 곳은 없다"고 말한 바 있습니다.

　익명성은 모든 문학적 악행의 방패 역할을 해왔으며, 이제는 이를
제거하는 것이 무엇보다 중요합니다. 익명성은 원래 적개심을 품은
작가나 그 지지자들로부터 정직한 비평가를 보호하기 위해 도입되었
습니다. 그러나 그 순기능은 극히 드물고, 오히려 익명성은 비겁하고
비열한 이들에게 자신들의 행동에 대한 책임을 회피할 수 있는 방패
막이를 제공합니다.

　이를 방지하기 위해 모든 익명의 비평을 금지하는 보편적인 '반
비평(Anti-criticism)'의 도입을 제안합니다. 나쁜 작품을 찬양하거나
좋은 작품을 비난하는 익명의 비평은 반드시 완전히 중단되어야 합
니다. "사기꾼아! 너의 이름을 밝혀라!"라는 외침은 단순히 비난하는

말이 아니라, 비평가들에게 책임감과 정직함을 요구하는 강력한 메시지입니다.

익명성 뒤에 숨어 비평을 남발하는 사람들은 정직한 신사다운 태도를 보이기는커녕, 그저 부정직하고 비열한 악당의 모습을 드러낼 뿐입니다. 문학의 공정성과 가치를 지키기 위해서는 익명성이라는 그늘을 제거하고, 모든 비평가가 자신의 이름을 걸고 책임 있게 발언하도록 해야 합니다.

익명의 비평은 익명의 편지와 마찬가지로 신뢰와 권위를 갖기 어렵습니다. 익명이라는 가면 뒤에서는 진실성을 확인할 수 없기 때문이지요.

루소 역시 《신 엘로이즈(Nouvelle Heloïse)》의 서문에서 다음과 같이 명확히 주장했습니다.

정직한 사람이라면 자신이 출판한 책을 고백해야 한다.
(Tout honnête homme doit avouer les livres qu'il publie.)

모든 명예로운 사람은 자신이 쓴 글에 서명해야 하며, 그렇게 하지 않는 사람은 명예롭지 못하다는 뜻입니다. 비평은 본질적으로 논쟁적인 글이기에, 더욱더 진실성과 책임감이 요구되지요. 리머

(Riemer)는《괴테의 회상(Reminiscences of Goethe)》에서 다음과 같은 옳은 의견을 제시했습니다.

정면에서 당신을 마주하는 명시적인 적은 명예로운 사람이다. 그는 당신과 정당하게 상대할 것이고, 당신이 그와 타협하거나 화해할 수도 있는 사람이다. 그러나 자신을 숨기는 적은 야비하고 비겁한 악당이다. 그는 자신의 의견을 모두에게 명확히 말할 용기가 없는 사람이며, 자기 의견의 진실성에는 전혀 신경 쓰지 않는다. 그는 자신의 분풀이가 들키지 않거나 처벌받지 않을 것이라는 은밀한 쾌감에만 몰두할 뿐이다.

익명성은 모든 문학과 언론에서 악행이 자리 잡을 수 있는 피난처와 같습니다. 따라서 이런 관행은 완전히 종식되어야 합니다. 심지어 신문의 기사조차도 반드시 저자의 이름이 명시되어야 하며, 편집자는 해당 서명의 정확성과 진위에 대해 철저히 책임져야 합니다.

공개적으로 선언된 말과 글은 그에 따른 책임을 요구합니다. 명예로운 사람이라면 자신이 한 말의 결과를 책임지는 것은 당연합니다. 만약 그런 명예가 없다면, 최소한 이름을 밝혀 자신이 한 행동에 책임을 져야 하지 않을까요? 아무리 하찮은 사람이라도 자신이 속한 공동체에서는 이름이 알려져 있기 마련입니다.

이러한 조치를 취한다면, 현재 신문에 실리는 수많은 거짓말 중 최소한 3분의 2는 사라질 것입니다. 그리고 익명성에 기대어 비겁하게 거짓을 퍼뜨리는 행위와 독설을 뱉는 행동도 현저히 줄어들 것입니다. 익명성의 뒤에 숨지 못한다면, 그들은 대담하게 자신의 혀를 놀리지 못할 것입니다.

제7장

ON REPUTATION
·
작가의 명성

작가들은 유성, 행성, 항성으로 비유할 수 있습니다. 유성은 눈길을 끌며 순간적으로 빛납니다. 사람들이 하늘을 올려다보며 "저기 봐!"라고 외치지만, 곧 영원히 사라져 버리지요. 반면, 행성은 좀 더 오래 지속됩니다. 행성은 때때로 항성보다 더 밝게 보이고, 사람들은 이를 항성과 혼동하기도 합니다. 하지만 그것은 행성이 우리와 더 가까이 있기 때문일 뿐입니다. 행성 역시 시간이 지나면 자신의 자리를 내주어야 합니다. 이들이 내는 빛은 스스로의 것이 아니라 반사된 빛이고, 영향력도 자신이 머무는 궤도, 즉 동시대의 사람들에 국한됩니다. 행성의 이야기는 몇 년 동안 순환하며 전해지지만, 결국 한계를 가집니다.

항성은 그와 다릅니다. 항성은 변함없이 하늘에 고정되어 있으며 스스로 빛을 냅니다. 오늘 본 모습이 어제와 같고, 내일도 변하지 않습니다. 항성의 위치는 우리가 관측하는 위치나 방향에 따라 달라지지 않지요. 항성은 특정 체제나 국가에 속하지 않고, 우주 그 자체에 속해 있습니다. 너무나 멀리 떨어져 있기 때문에 그 빛이 지구에 도달해 우리가 보게 되는 데에는 수많은 시간이 걸립니다.

앞서 언급한 것처럼, 대중은 판단력과 분별력이 부족해 뛰어난 재능을 쉽게 알아보지 못합니다. 뛰어난 작가가 명성을 얻기 어렵게 만드는 또 다른 요인은 질투입니다. 질투는 심지어 수준이 낮은 작품에도 집착하며 처음부터 끝까지 방해합니다. 이 사악한 세상에서 질투가 차지하는 역할은 얼마나 막강한가요! 죽을 운명을 가진 생명의 어두운 면이 세상을 지배하고 있다는 이탈리아 시인 아리오스토(Ariosto)의 말처럼, 세상은 정말 악으로 가득 차 있는 듯합니다.

이 삶은 훨씬 더 어둡고 평화롭지 않으며,
전적으로 질투로 가득 차 있다.
(Questa assai più oscura che serena,
Vita mortal, tutta d'invidia piena.)

질투는 평범한 사람들 사이에서 형성된 비밀스럽고 비공식적인 연합체와도 같습니다. 이 연합체는 사회 곳곳에서 활발히 활동하며, 개인의 뛰어난 재능을 종류에 상관없이 방해합니다. 이들의 영역 안에서는 누구도 다른 사람이 눈에 띄는 것을 용납하지 않지요. 이들에게 뛰어난 사람은 그저 참을 수 없는 침입자로 여겨집니다.

누군가 우리 중에서 뛰어나다면, 다른 곳에서 뛰어나게 하라!
(Si quelqu'un excelle parmi nous, qu'il aille exceller ailleurs!)

이 표현은 열등한 사람들 사이에서 공통으로 통용되는 암호와 같습니다. 진정한 재능은 희소하며, 사람들에게 인정받는 것이 절대 쉽지 않습니다. 게다가 질투라는 강력한 세력이 무시할 수 없을 만큼 커져 희소한 재능을 억압하거나 심지어 질식시키려고 합니다. 이들은 그 사람이 실제로 어떤 사람인지를 따지기보다는, 다른 사람들이 그를 어떻게 생각하는지에만 신경을 씁니다. 이로 인해 뛰어난 재능은 가능한 한 오랫동안 세상 밖으로 드러나지 않도록 억눌리게 됩니다.

재능을 대하는 태도에는 두 가지가 있습니다. 하나는 자기의 재능을 자랑스럽게 여기는 태도이고, 다른 하나는 다른 사람의 재능을 인정하지 않으려는 태도입니다. 일반적으로 사람들은 후자를 선택합니다. 그편이 훨씬 쉽고 편리하기 때문입니다. 시기심은 자기 결핍을 드러내는 표시입니다. 타인의 재능을 부러워한다는 것은 곧 자신에게 그 재능이 없음을 스스로 인정하는 것과 같습니다.

발타사르 그라시안(Balthazar Gracian)은 그의 저서 《디스크레토 (Discreto)》에서 '과시하는 남자(Hombre de ostentacion)'라는 제목의 우화를 통해 시기심과 재능의 관계를 훌륭하게 묘사했습니다. 이 우화에서는 모든 새가 공작새의 웅장한 깃털을 질투하며 공작새를 상대로 음모를 꾸미는 모습을 보여줍니다.

까치가 이렇게 말합니다.
공작 꼬리의 저주받은 행진을 막기만 하면,
그 아름다움도 곧 끝날 것이다.
눈에서 사라지면 존재하지 않는 것과 마찬가지니까.

이 우화를 보면 겸손이 어떻게 미덕이 되었는지 알 수 있어요. 겸손은 질투를 방어하기 위해 만들어진 게 아닐까 합니다. 이런 미덕을 강요하고 재능 있는 사람들의 수줍음을 즐기는 악당들이 항상 존재했다는 것을 다른 책에서 길게 말한 바 있어요.[18] 리히텐베르크(Lichtenberg)의 《모음집(Miscellaneous Writings)》에서 다음과 같은 문장을 찾았습니다.

겸손은 다른 미덕이 없는 사람들이 말하는 미덕이다.

괴테(Goethe)는 많은 사람들을 기분 나쁘게 할 수도 있는 아주 유명한 말을 남겼습니다.

겸손한 사람은 정직하지 못한 놈들뿐이다.

이 말의 원형은 세르반테스(Cervantes)의 작품에 있습니다. 《파르니수스(Parnassus)의 여행》에 시인들을 위한 행동 규칙을 담았는데 그중에 다음과 같은 규칙이 있습니다.

자신의 시로 시인임을 보여주는 모든 사람은
스스로를 높이 평가해야 한다. 또한, 스스로 정직하지 못하다고 여기는
사람만이 진정으로 정직하지 못한 사람이라는 속담을 믿어야 한다.

---

18 《의지와 표상으로서의 세계(Welt als Wille)》, 제2권, 제37장

진정한 시인이라면 이유 없이 자신의 재능과 가치를 의심하지 말아야 한다는 의미입니다. 이유 없는 겸손은 부당하니까요. 셰익스피어는(Shakespeare)는 그의 소네트(Sonnet) 중 여러 편에서 그가 쓴 작품이 절대 사라지지 않을 것이라고 자신 있게 언급했습니다.[19]

시기심으로 인해 좋은 작품을 깎아내리는 가장 흔한 방법은 나쁜 작품을 과도하게 칭찬하는 것입니다. 이는 불명예스럽고 비도덕적인 행위입니다. 나쁜 작품이 널리 퍼지게 되면 좋은 작품은 주목받을 기회를 잃게 됩니다. 그러나 이러한 방법이 아무리 효과적이거나 대규모로 실행될지라도 결국에는 일시적일 뿐입니다.

이 비열한 행위에 가담한 사람들에게는 결국 심판의 날이 다가오고, 그들의 일시적인 명성은 금세 불신과 비난으로 바뀌게 됩니다. 그렇기 때문에 이러한 비평가들은 종종 익명 뒤에 숨는 것을 선호합니다.

멀리 떨어져서 좋은 작품을 폄하하고 비난하는 사람들도 같은 운

---

19 소네트는 10개의 음절로 구성되는 시행 14개가 일정한 운율로 이어지는 14행시입니다. 평론가 콜리어(Collier)는 소네트의 서문에서 이 점에 대해 이렇게 언급했습니다. "많은 작품에서 자신의 시가 영원할 것이라는 확신과 자신감을 보여 주는 놀라운 암시들을 찾을 수 있다. 이런 면에서 셰익스피어의 의견은 일관되고 한결같으며, 아무런 가책 없이 이런 확신을 표현한다. 과거부터 지금까지 어느 작가도 자기가 남긴 수많은 작품들에 대해 '세상이 죽게 놔두지 않을 것'이라고 이렇게 자주 그리고 강하게 선언한 사람은 아마도 없을 것 같다".

명에 처합니다. 이들은 더욱 신중한 방법을 사용해 뛰어난 사람을 억누르려 하지요. 뛰어난 사람은 마치 공작새의 화려한 꼬리가 다른 새들의 기분을 상하게 했던 것처럼, 우선 그의 경쟁자들을 불편하게 만듭니다. 이들은 깊은 침묵 속에 빠지며, 그 침묵은 마치 미리 짠 것처럼 완벽한 만장일치를 이룹니다. 이들의 혀는 모두 마비되고, 세네카(Seneca)가 '질투의 침묵(silentium livoris)'이라고 묘사했던 상태에 빠지게 됩니다.

이런 악의적인 침묵은 흔히 '무시'로 알려져 있으며, 이는 오랫동안 뛰어난 사람들의 명성을 방해할 수 있습니다. 특히, 높은 지식인층에서 나타나는 경우가 많습니다. 이들 중 경쟁자나 학생으로 불리는 이들은 작가의 직접적인 독자일 경우가 많고, 그들의 명성이 성장하는 길목에 자리 잡고 방해하는 역할을 합니다.

대중은 이러한 상황을 스스로 해결할 능력이 부족하기 때문에, 진실을 알지 못한 채 찬사나 지지를 통해 어떤 식으로든 관여하게 됩니다. 그러나 대중의 찬사가 이런 악의적인 침묵을 깬다 해도, 이는 항상 정의를 왜곡하려는 특정 세력의 의도와 무관하지 않습니다. 괴테(Goethe)는 《서동시집(West-östlicher Divan)》에서 비평가들의 안목 밖에서 출판된 작품은 세상으로부터 완전히 고립되며, 심지어 단 한 사람에게도 인정받지 못할 수 있다고 했습니다.

아무런 인정도 받지 못한다,
많은 사람에게도, 한 사람에게도,
그것이 대낮의 빛 속에서 발생하지 않는다면,
누군가 무엇인가로 보이고 싶어 하는 곳에서.

자신의 작품과 유사한 작가에게 칭찬과 인정을 보내는 일은 신중해야 하며, 때로는 철회할 필요도 있습니다. 자신의 권리를 어느 정도 희생해야만 다른 사람을 객관적으로 평가할 수 있기 때문입니다.

인간은 본질적으로 칭찬하거나 명예를 부여하는 것을 좋아하지 않습니다. 오히려 잘못을 찾아내고 비난하는 데에 더 익숙합니다. 이를 통해 간접적으로 자신을 칭찬하는 심리가 작용하지요. 이러한 경향에도 불구하고 누군가를 칭찬하거나 명예를 부여한다면, 종종 외부적인 동기가 작용합니다. 하지만 친구끼리 명성을 위해 서로를 띄워주는 추한 방식에 대해서는 여기서 다루고자 하는 내용이 아닙니다.

사람은 스스로 무엇인가를 창작하고 성취하는 것뿐만 아니라, 다른 사람이 이룬 일을 공정하게 평가하고 인정하는 태도도 갖추어야 합니다. 이는 그리스의 시인 헤시오도스(Hesiod)가 《일과 날(Works and Days)》에서 제시한 인간의 다양한 능력에 대한 구분과도 맥락을 같이합니다. 이후 이 개념은 이탈리아 정치가 마키아벨리(Machiavelli)가 그의 저서 《군주론(The Prince)》에서 제시한 인지능력의 세 가지 단계와도 일치합니다. 마키아벨리는 다음과 같이 말했습니다.

> 인간은 능력에 따라서 세 부류로 나뉜다.
> 첫 번째는 스스로 사물을 이해하는 사람이고,
> 다음은 자신에게 설명되는 대로 이해하고,
> 나머지는 스스로도 이해하지 못하고 명확하게 제시되어도
> 이해하지 못하는 사람이다.

1등급에 해당하는 뛰어난 부류에 들지 못하는 사람이라도 2등급에 속할 기회를 얻게 된다면 크게 기뻐할 것입니다. 이로 인해 좋은 작품은 결국 반드시 인정받을 것이라는 확신을 가질 수 있습니다.

어떤 작품의 가치가 명백해지고 더 이상 숨기거나 부정할 수 없게 되면, 많은 사람이 경쟁적으로 그 작품을 찬양하며 상을 주려고 합니다. 이는 스스로의 명예를 높이려는 욕구에서 비롯됩니다. 이들

은 "지혜로운 것을 이해하는 사람은 스스로 지혜롭다"라는 크세노폰 (Xenophon)의 말을 따르는 것처럼 행동합니다. 이러한 사람들은 자신이 독창적인 창작물을 만들어 상을 받을 가능성이 없다는 사실을 잘 알고 있습니다. 그래서 두 번째로 좋은 것, 즉 뛰어난 작품에 대한 올바른 평가와 찬사를 서둘러 차지하려는 것입니다.

이런 현상은 군대의 모습과도 비슷합니다. 전투에서 가장 앞장섰던 사람들이 이제는 도망치는 데 앞장서는 것처럼, 이들은 뛰어난 사람을 향해 가장 먼저 박수를 보내고 칭찬합니다. 동질성의 법칙에 따라 무의적으로 반응합니다. 즉, 유명한 사람과 같은 방식으로 생각하고 판단하는 사람처럼 보이기를 바라는 것입니다. 문학적 취향과 관련된 명예를 유지하기 위한 행동이고 이들에게 남겨진 것은 아무것도 없습니다.

명성을 얻기는 어렵지만, 일단 얻은 후에는 이를 유지하는 것이 상대적으로 어렵지 않다는 것은 분명합니다. 그러나 빠르게 얻은 명성은 오래 지속되지 못합니다. 이는 라틴어 격언인 "빠르게 이루어진 것은 빠르게 사라진다"라는 말로 잘 설명됩니다.

평균적인 사람이 손쉽게 성취할 수 있는 일이나 경쟁자들도 기꺼이 인정할 만한 성과라면, 그 가치는 누구나 독자적인 노력으로 달성할 수 있는 수준을 크게 뛰어넘지 못한 것입니다. 따라서 이런 성과는 진정한 탁월함으로 평가받기 어렵습니다.

라틴어로 표현된 또 다른 격언도 사람들은 자신이 도달할 수 없는 수준의 재능이나 성과를 기꺼이 인정하지 않으려는 경향이 있다고 말합니다.

사람이 어떤 것을 찬양할 때는 스스로가 따라 할 수 있을 거라고
바라는 정도까지만이다.
(Tantum quisque laudat, quantum se posse sperat imitari).

빠르게 올라오는 평판은 오히려 경계해야 할 신호일 수 있습니다. 이는 흔히 동질성의 법칙으로 설명되며, 그러한 명성은 대체로 평범한 대중들이 일시적으로 쳐주는 손뼉에 불과합니다. 이는 깊은 평가나 진정한 이해에서 비롯된 것이 아니라, 대중의 즉각적인 반응으로 인한 것입니다.

이 점을 잘 보여주는 사례로, 아테네의 정치가 포키온(Phocion)의 일화가 있습니다. 그의 연설 중에 군중이 시끄럽게 환호하며 그의 말을 방해했을 때, 포키온은 차분하게 자신의 친구에게 돌아서서 이렇게 물었다고 합니다.

내가 실수했거나 어리석은 말을 했는가?[20]

포키온의 이 말은 군중의 환호가 반드시 연설의 옳음이나 가치를 보장하지 않는다는 것을 암시합니다.

오랫동안 지속되는 명성은 천천히, 그리고 꾸준히 쌓입니다. 수 세기를 넘어 지속되는 명성은 대부분 그 당대에는 제대로 인정받지 못하는 경우가 많습니다. 이는 그러한 명성을 얻기 위해서는 누구도 쉽게 따라 할 수 없을 정도의 높은 완벽함이 필요하기 때문입니다. 그러나 이 완벽함을 이해하고 평가할 수 있는 사람은 극히 드물며, 이들의 목소리도 쉽게 묻히기 마련입니다.

반면에 질투로 가득 찬 사람들은 항상 주변에 대기하며 이러한 목소리를 억누르려 합니다. 이런 현실 속에서, 적당히 뛰어난 재능은 빠르게 주목받을 수 있지만, 오래 지속되지는 못합니다. 젊은 나이에 얻은 명성은 종종 노년의 어둠으로 이어지기도 합니다.

---

20 플루타르크(Plutarch), 격언집(Apophthegms)

하지만 위대한 작품은 다릅니다. 처음에는 무명의 시간을 보내더라도 언젠가는 눈부신 명예로 보상을 받을 가능성이 큽니다. 다만, 그 보상이 살아있는 동안 오지 않을 수도 있습니다. 죽은 후에야 명성을 얻는 경우도 많지요. 이와 관련해 장 폴(Jean Paul)의 표현이 떠오릅니다. 그는 죽은 뒤에 성인으로 추앙받는 것을 '죽은 자를 위한 세례'라고 비유하며, 이런 생각으로 스스로를 위로할 수 있음을 말했습니다.

말만(Mahlmann[21])이 《헤로데스(Herodes)》에서 "이 세상에서 진정으로 위대한 작품은 결코 한 번에 기쁘지 않고, 군중이 세운 신(god)은 제단에 자리 잡지만 짧은 시간일 뿐이다"라고 말한 것은 참으로 적절합니다.

나는 세상에서 진정한 위대함은
항상 즉시 기뻐하지 않는 것으로 생각한다.
군중이 신으로 받들더라도
짧은 시간 동안 제단에 머무를 뿐이다.

---

21   역자 주: 아우구스트 말만(August Mahlmann, 1771-1826)은 시인이자 작가임. 그의 작품 헤로데스 포어 베들레헴 (Herodes vor Bethlehem)은 코체부(Kotzebue)의 후시텐 포어 나움부르크 (Hussiten vor Naumburg)에 대한 풍자임.

이 말은 미술 작품의 경우에서 특히 명확하게 확인할 수 있습니다. 미술 감정가들은 가장 위대한 작품들이 처음에는 주목받지 못한다는 사실을 잘 알고 있습니다. 이런 작품들은 단 한 번의 관찰로 깊은 인상을 주기보다는, 여러 차례 반복해서 볼 때 감탄과 인식이 더욱 커지는 특징이 있습니다. 볼 때마다 새로운 감동을 선사하는 것이 진정으로 위대한 작품의 특성이지요.

또한, 어떤 작품이 빠르고 올바르게 평가받을 가능성은 두 가지 조건에 달려 있습니다. 첫 번째는 작품의 성격입니다. 작품이 수준 높은지 낮은지, 다시 말해 이해하기 쉬운지 어려운지에 따라 평가받는 속도가 다릅니다. 두 번째는 작품이 끌어들이는 대중의 유형입니다. 작품이 많은 사람에게 호소할 수 있는지, 아니면 소수의 사람만 이해할 수 있는지에 따라 결정됩니다.

두 번째 조건은 첫 번째 조건의 자연스러운 결과로 볼 수 있습니다. 작품의 수준이 높아 이해하기 어려울수록 더 적은 대중에게 호소할 가능성이 큽니다. 또한, 작품이 책이나 음악처럼 대량으로 생산되고 배포될 수 있는지도 이 과정에 영향을 미칩니다.

이 두 조건의 상호작용은 작품이 적시에 인정받고 올바르게 평가

될 가능성을 결정합니다. 특히 실질적으로 유용한 목적을 달성하지 못하는 작품들은 이러한 평가의 가능성에 따라 다양하게 나뉩니다. 여기서는 이런 작품들만 고려합니다. 가장 큰 기회를 받는 사람들부터 시작해서 곡예사, 서커스단 기수, 발레 무용수, 저글러, 배우, 가수, 음악가, 작곡가, 시인, 건축가, 화가, 조각가, 철학자 등이 포함됩니다.

　마지막 자리는 의심할 여지 없이 철학자가 차지합니다. 철학자의 작품은 오락을 위한 것이 아니라 교훈을 위한 것이기 때문입니다. 철학자는 독자들이 어느 정도의 지식과 준비가 되어 있다고 가정하며, 독자는 작품을 이해하기 위해 일정한 노력을 기울여야 합니다. 철학자를 이해할 수 있는 독자의 수는 매우 한정적입니다. 하지만 철학자의 명성은 독자의 수보다도 작품의 생명력과 더 깊은 연관이 있습니다.

　일반적으로, 명성이 오랫동안 지속될 가능성은 그 명성이 일찍 드러날 가능성과 거의 반비례하는 경향이 있습니다. 따라서 명성이 지속되는 시간에 관해서는 이전에 언급한 순위가 역전될 수도 있습니다. 시인과 작곡가는 철학자와 같은 수준에서 마지막까지 함께 자리할 것입니다. 이들의 작품은 일단 완성되면 시간이 지나도 영원히 보존될 수 있기 때문입니다.

그런데도 철학자는 여전히 가장 첫 번째 자리를 차지합니다. 이 분야에서는 높은 품질의 작품이 상대적으로 더 적고, 작품의 중요성은 더욱 높기 때문입니다. 또한 철학 작품은 다른 언어로 거의 완벽하게 번역될 수 있는 특성이 있습니다. 실제로 철학자의 이름이 그들의 작품 자체보다 더 오래 남는 경우가 자주 있습니다. 탈레스(Thales), 엠페도클레스(Empedocles), 헤라클레이토스(Heraclitus), 데모크리토스(Democritus), 파르메니데스(Parmenides), 에피쿠로스(Epicurus) 등의 사례가 바로 그 예입니다.

이런 분류는 앞서 언급했듯이, 물질적으로 실용적이지 않은 업적에 한정됩니다. 실용적인 목적에 부합하거나 감각에 직접적으로 즐거움을 주는 일은 대개 빠르고 정확한 평가를 받기 쉬워요. 예를 들어, 한 마을에서 최고의 요리사가 오랫동안 무명으로 남아 있거나 후대에까지 알려지지 않을 가능성은 거의 없습니다.

그러나 빠르게 성장하는 명성에는 거짓되고 인위적인 요소가 포함될 때도 있습니다. 예를 들어, 어떤 책은 정당하지 못한 과도한 칭찬, 친구들의 연대, 부패한 비평가들의 도움, 위에서의 회유나 아래에서의 결탁 등을 통해 명성을 얻게 되지요. 이런 외부 요인들은 대중에게 영향을 미치며, 대중은 이를 올바르게 분별할 능력이 부족합니다. 이런 명성은 마치 무거운 물체를 물에 띄우는 부레와 같습니다.

부레가 튼튼하고 공기가 충분히 차 있으면 짧든 길든 일정 시간 동안 떠 있을 수 있지만, 시간이 지나면서 공기가 서서히 빠지면 결국 물에 가라앉게 됩니다.

외부의 조작으로 인해 얻어진 모든 작품의 명성은 이런 운명을 피할 수 없습니다. 거짓된 칭찬은 시간이 지나면서 사라지고, 결탁은 끊어지며, 비평가들은 결국 그 명성이 근거 없음을 선언하지요. 그리하여 명성은 사라지고, 그 자리를 경멸이 대신하게 됩니다.

반대로, 작품 자체의 진정한 가치로 명성을 얻은 작품은 시대를 초월하며 계속해서 새로운 감탄을 불러일으킵니다. 이는 마치 비중이 낮은 물체와 같습니다. 이러한 작품은 저절로 물에 떠오르며, 시간의 흐름 속에서 계속 물 위에 떠서 자연스럽게 흘러갑니다.

위대한 천재들은 시, 철학, 미술 등 어떤 분야에서든 마치 고립된 영웅처럼 보입니다. 적군의 맹공에 맞서 홀로 필사적으로 저항하는 모습이지요.[22] 이는 인간 본성의 비참한 특성을 드러내는 것처럼 보

---

22 역자 주: 이 시점에서 쇼펜하우어는 이야기의 흐름을 중단하고 거짓 명성의 예에 대해 길게 말하고 있습니다. 그의 견해에 익숙한 독자들은 이렇게 경멸의 대상으로 제시된 인물이 헤겔(Hegel)이라는 것을 알고 놀라지 않을 것입니다. 이 시리즈의 다른 권을 읽은 독자들은 이 주제에 대해 이미 충분히 이해했을 것이므로 이 부분은 생략합니다.

입니다. 둔하고, 상스럽고, 비뚤어지고, 어리석고, 잔혹한 성질은 인류 본성의 상당 부분을 차지하며, 언제나 천재의 노력에 걸림돌이 되어 왔습니다. 천재가 아무리 노력하더라도 이러한 장애물은 그가 굴복할 수밖에 없는 강력한 적이 됩니다.

고립된 영웅이 무언가를 이루어내더라도 그것이 인정받고 평가받기까지는 오랜 시간이 걸립니다. 그리고 비록 인정을 받더라도, 얼마 지나지 않아 다시 무시되기 쉽습니다. 영웅의 업적은 종종 거짓되고 얄팍하며 단순히 재미에만 의존한 생각들에 따라 새롭게 배척됩니다. 이런 부당한 대접을 받아야 하는 것은 천재가 아니라 대다수의 군중이어야 할 것입니다.

이런 상황에서 비평가는 나서서 햄릿처럼 말할 수 있습니다. 햄릿이 가련한 어머니에게 두 개의 초상화를 보여주며 "당신은 눈이 있나요? 눈이 있나요?"라고 물었던 것처럼 말이지요. 하지만 아! 군중에게는 진정한 눈이 없습니다. 이들에게는 위대한 작품을 알아볼 안목이 없습니다. 위대한 작가의 작품 앞에 선 군중은 마치 훈련된 원숭이와 같은 행동을 보입니다. 그들의 박수 치는 모습은 인간의 모습을 닮았지만, 그 안에 내면의 영혼은 없습니다. 단지 비이성적인 본성이 드러날 뿐입니다.

"그는 자신의 시대보다 앞선 사람이다"라는 표현은 종종 들을 수 있지만, 이를 일반적으로 "그는 인류 전체보다 앞선 사람이다"라는 뜻으로 이해해야 할 것입니다. 위대한 천재가 자기 시대에 오해받는 이유는 대개 동시대 사람 중에 그의 업적을 올바르게 이해하고 평가할 수 있는 이들이 거의 없기 때문입니다. 천재를 알아볼 수 있는 소수의 사람은 매우 드물게 존재하며, 특별한 운이 따라야 그들이 같은 시대에 태어나 천재를 인정할 수 있습니다. 그렇지 않다면 천재는 후대에 가서야 비로소 그 가치를 인정받을 것입니다.

후대 사람들은 천재를 "그의 시대보다 앞섰다"라고 표현하며, 이를 통해 시대와 인류가 가진 책임을 다른 세대에 떠넘기려 합니다. 사실상 이런 표현은 "인류 전체가 그를 이해하지 못했다"는 것을 인정하는 것이지요.

아름다운 인도 신화에서는 비슈누가 영웅으로 나타나면, 브라흐마가 동시에 등장해 그의 업적을 찬양한다고 전합니다. 마치 발미키, 비아사, 칼리다사가 브라흐마의 환생으로 간주되는 것처럼요. 이는 천재를 제대로 평가할 수 있는 소수의 사람이 같은 시대에 태어날 가능성을 상징적으로 나타냅니다.

이러한 관점에서 보면, 모든 불후의 명작은 그 시대의 증거라고 할 수 있습니다. 한 세대의 진정한 지적 가치는 그 시대에 나타난 위대한 정신들 자체가 아니라, 그 위대한 작품들에 대한 동시대 사람들의 반응에서 판단됩니다. 동시대 사람들이 위대한 작품에 빠르고 자발적으로 박수를 보내는지, 느리고 인색하게 반응하는지, 아니면 아예 그 가치를 후세로 떠넘기는지에 따라 그 세대의 지적인 성숙도를 평가할 수 있는 것입니다.

후세로 평가를 넘겨야 하는 운명은 특히 높은 수준의 작품에 해당합니다. 앞서 언급한 행운이 없다면, 위대한 천재들의 작품을 올바르게 감상할 능력을 갖춘 사람은 극히 적습니다. 평판이라는 측면에서 시인들은 비교적 혜택을 받습니다. 왜냐하면, 시인들의 작품은 거의 모든 사람이 쉽게 접근할 수 있기 때문입니다. 반면에, 월터 스콧 경(Walter Scott)의 작품이 겨우 100명의 독자에게 읽히고 평가받았다고 가정해 보세요. 아마도 그의 생애 동안, 사람들은 스콧 경보다 평범하고 대중적인 작가들을 더 선호했을 것입니다. 이후에야 스콧 경의 작품이 제대로 인정받았을 때, 사람들은 그가 "시대보다 앞섰다"라고 말했겠지요.

세대를 기준으로 작품을 판단하려는 무능한 사람들, 그리고 이 무능함에 사기와 부정, 개인적인 이익 추구가 더해지면, 이는 부패한 판사들로 가득 찬 재판소에서 호소하는 것과 같은 슬픈 운명에 비유할 수 있습니다.

문학사는 이에 대한 충분한 증거를 제공합니다. 지식과 통찰력을 목표로 삼은 작가들이 인정받지 못하고 무시당하는 사례를 쉽게 찾을 수 있습니다. 반면에, 허영과 과시를 통해 동시대의 사람들에게 추앙받고 큰 보상을 받은 이들도 있습니다.

진정한 작가에게는 독자가 반드시 그의 글을 읽는다는 명성이 필요합니다. 그러나 다양한 기술을 과시하거나 우연히 자연스러운 친화력을 가진 수많은 쓸모없는 사람들이 이 명성을 가져갑니다. 능력 있는 작가는 종종 천천히, 그리고 더디게 자신의 자리를 만들어가야 할 수도 있습니다.

쓸모없는 사람들에게는 항상 그들을 도와줄 친구들이 있습니다. 이들은 무리를 이루며 움직이는 경향이 있기 때문입니다. 반면에, 진정한 재능을 가진 작가에게는 적밖에 없습니다. 지적인 우월성은 어디에서나 증오의 대상이 되기 때문입니다. 특히 같은 분야에서 스스로 이루고 싶지만 능력이 부족한 사람들에게는 더욱 그

러합니다.[23]

　동시대 사람들의 의견과 반응에 얽매이지 않는 것이야말로 시대를 초월하는 위대한 작품을 만드는 데 필수적인 조건입니다. 진정한 작가라면 글을 쓸 때 동료들의 판단이나 일반적인 의견을 의식하지 않아야 합니다. 그렇게 하지 않으면 작품은 필연적으로 당대의 관점에 제한되고, 더 나아가 잘못된 방향으로 흐르게 됩니다. 후대에 길이 남을 작품을 만들고 싶다면, 작가는 현재의 영향에서 벗어나야 합니다. 이 말은 작가가 자신의 시대에 끼칠 수 있는 영향도 기꺼이 포기해야 한다는 뜻입니다. 동시대 사람들의 찬사를 받기보다는 수백 년 동안 지속될 명성을 목표로 삼아야 한다는 것입니다.

　새롭고 중요한 진리가 세상에 등장하면, 특히 그것이 기존 관념과 대치하거나 역설적일 경우, 오랜 시간 동안 완강한 저항에 부딪히기 마련입니다. 사람들은 새로운 진리를 받아들이기 전에 본능적으로 부정하며 저항하지요. 그러나 시간이 지나면서 그 진리는 서서히 스며들고 기존의 잘못된 생각을 대체해 갑니다. 마침내 새로운 진리가

23　역자 주: 쇼펜하우어는 "만약 철학 교수들이 내가 여기서 그들이 내 작품에 대해 30년 이상 취해 온 전술을 암시하고 있다고 우연히 생각하게 된다면, 정확하게 맞춘 것입니다" 라고 했습니다.

완전히 받아들여지는 순간, 기존 관념은 무너지고 새롭게 떠오른 진실은 모든 사람에게 찬사를 받게 됩니다. 이 과정은 매우 느리고, 일반적으로 새로운 진리가 가치를 인정받는 것은 그 창시자가 세상을 떠난 후입니다. 연설자가 무대를 떠난 뒤에야 박수 소리가 울리는 것처럼 말이지요.

반대로 평범한 작품들은 훨씬 더 나은 운명을 맞이합니다. 이런 작품들은 그 시대의 흐름과 맥락 속에서 탄생하며, 현대 문화의 일반적인 발전 과정에 맞춰 등장하기 때문입니다. 그 시대의 정신, 즉 당시 널리 퍼져 있는 의견과 자연스럽게 연대하면서 순간의 필요에 부합하는 것을 목표로 합니다. 이 때문에 이런 작품들은 빠르게 인정받고, 최신 유행을 반영하는 책으로서 인기를 얻습니다. 그 가치가 평범하더라도 시대의 요구에 부합하기 때문에 특별히 질투를 받지도 않습니다. 앞서 언급했듯이, 사람들은 자신이 따라 할 수 있다고 생각하는 수준까지만 작품을 인정하고 칭찬하니까요.

인류의 자산으로 남아 수백 년 동안 생명력을 유지할 작품은 매우 희귀하며, 동시대 문화와 조화를 이루기보다는 오히려 그보다 앞서 있습니다. 이런 이유로, 그러한 작품들은 그 시대의 정신과 이질적일 수밖에 없습니다. 이들은 당대 문화에 소속되지도, 그 흐름과 연결되지도 않습니다. 결과적으로 사람들은 이런 작품들에 압도되지만 동시에 무관심하게 대합니다.

이런 작품들은 현시대의 맥락을 초월한 차원의 문화, 그리고 먼 미래에 속해 있습니다. 이는 평범한 작품의 여정과는 완전히 다른 길을 걷는 것입니다. 마치 천왕성이 수성과는 전혀 다른 궤도를 도는 것과 같지요. 이런 작품은 당장 그 가치를 인정받는 일이 거의 없고, 사람들은 그들을 어떻게 다뤄야 할지 몰라 무심히 내버려두곤 합니다. 결국, 위대한 작품의 여정은 더디게 진행됩니다. 땅 위를 기어다니는 벌레가 하늘 높이 나는 독수리를 이해하지 못하는 것처럼 말입니다.

어떤 언어로 쓰인 책 중에서 약 10만 권에 하나만이 그 언어의 문학에서 실질적이고 영구적인 자산으로 자리 잡습니다. 이 하나의 책이 나머지 10만 권을 앞서며 명예로운 자리를 차지하기까지의 과정은 극도로 험난한 운명이라고 할 수 있습니다. 이런 책은 특별한 지성과 뛰어난 창의력의 산물이기 때문에 다른 작품들과 뚜렷한 차별성을 지닙니다. 그리고 시간이 지나면 그 차별성이 명확히 드러납니다.

이런 상황이 나아질 것이라 기대하기는 어렵습니다. 인류의 비참한 본성은 세대마다 다소 다른 모습으로 나타날지언정 그 본질은 변하지 않기 때문입니다. 이로 인해 뛰어난 정신의 소유자는 살아 있는 동안에는 충분히 인정받지 못하는 경우가 많습니다. 이들을 온전히 이해할 수 있는 사람은 오직 그들과 비슷한 지성을 가진 소수에 불과하기 때문입니다.

수백만 명 중 한 명이 불멸의 길을 가는 것은 매우 희귀한 일입니다. 그렇다면 그 길을 가는 사람은 얼마나 외로울까요? 후대로 이어지는 여정은 마치 리비아 사막처럼 끔찍하게 황폐한 지역을 지나야 합니다. 직접 그 길을 걸어보지 않은 사람은 그 황폐함을 상상조차 할 수 없습니다. 이 여정에서 여행객이라면 짐을 최대한 가볍게 해야 합니다. 그렇지 않으면 도중에 많은 것을 버리고 가야만 할 것입니다.

스페인의 철학자이자 시인인 발타자르 그라시안(Balthazar Gracian)이 남긴 말을 꼭 기억하세요. 그는 이렇게 말했습니다.

좋은 것은 짧을 때 두 배 더 좋다.
(Lo bueno si breve, dos veces bueno.)

이 격언은 특히 독일 사람들에게 더욱 적용될 만합니다. 그들에게 글을 쓰거나 표현할 때 길고 장황하기보다는 짧고 간결하게 만드는 것이 더 큰 가치를 지닌다는 사실을 상기시켜 줍니다.

위대한 지성을 가진 사람들의 삶은 짧고, 마치 작은 땅 위에 세워진 거대한 건물과 같습니다. 건물 바로 앞에서는 그 크기를 온전히 알 수 없듯이, 천재의 위대함도 그가 살아 있는 동안에는 제대로 평가받지 못합니다. 그러나 한 세기가 지나고 나면 세상은 그의 위대함을 깨닫고, 그가 다시 돌아오기를 바라게 되지요.

삶이 얼마 남지 않은 사람이 불멸의 작품을 남겼다면, 작품의 생명력과 비교했을 때 그의 삶이 얼마나 짧게 느껴질까요! 이는 디오니소스를 낳은 세멜레(Semele)나 헤르메스를 낳은 마이아(Maia)를 떠올리게 합니다. 이들은 불멸의 아이를 낳았지만 자신들은 영원히 살지 못한 어머니와 같습니다. 반면에 테티스(Thetis)가 낳은 아킬레우스(Achilles)를 생각해 보세요. 찰나와 영원 사이에는 얼마나 큰 차이가 있을까요!

인간의 삶은 불멸의 작품이 남길 빛나는 업적의 시작조차 볼 수 없을 만큼 짧고 불안정합니다. 실제로 죽은 후에 명성을 얻는 사람은 귀족과는 정반대입니다. 귀족은 태어나기 전부터 이미 명성을 가지고 있기 때문입니다.

동시대에 명성을 얻는 사람은 추종자들과 공간적으로 떨어져 있고, 후대에 명성을 얻은 사람들은 시간상으로 분리되어 있어요. 이것이 동시대에 명성을 얻는 것과 후대에 명성을 얻는 것의 유일한 차이점입니다. 동시대의 명성조차도 추종자들을 실제로 눈앞에서 보지는 못해요. 경외심은 항상 어느 정도 거리를 두고 존재하며 가까이에 있는 것을 허용하지 않으니까요. 추앙하는 사람 앞에서는 햇빛 앞에서 녹아내리는 눈과 같아요. 동시대 사람들이 어떤 사람을 칭송한다면 열에 아홉은 그 사람의 지위와 재산 때문일 거예요. 나머지 한 사람은 아마도 그 사람의 천재성에 대해 멀리서 듣고 어렴풋이 알고 있을지도 모릅니다.

이탈리아의 시인 페트라르카(Petrarch)는 그의 라틴어 편지에서 경외심과 사람이, 그리고 명성과 인생이 양립할 수 없다는 것을 잘 말해 주고 있어요. 이 글은 그의 《친근 서간집(Epistolae familiares)》, 1492년 베네치아(Venetian)판에서 두 번째 편지로 나오고 토마스 메사넨시스(Thomas Messanensis)에게 보내졌어요. 편지에서 그가 만난 학자들이 그의 글에 대해 별로 신경 쓰는 것 같지 않다고 말했어요.

그래서 공간적이든 시간적이든 유명한 사람이 인정받고 존경받기 위해서는 거리감이 필수적입니다. 작가가 때때로 자신의 명성을 들을 수도 있지만 결코 듣지 못할 수도 있어요. 듣지 못하는 경우일지라도 사후의 명성이 확실하게 보상해 줄 거예요. 위대한 작품을 만들어내는 사람은 그것을 구상하는 순간부터 다가올 세대와의 연결을 자각합니다. 작가는 자신의 존재가 수 세기에 걸쳐서 확장되는 것을 느끼고 후세와 '함께' 그리고 후세를 '위해' 살아 있습니다. 위대한 작가의 작품을 감상한 후에 우리는 그를 추앙하게 되고 그가 살아 돌아오기를 바랍니다. 그를 다시 볼 수 있고 이야기를 나눌 수 있으며 소유할 수 있습니다. 우리의 추앙은 짝사랑이 아닙니다. 시기에 찬 동시대 사람들에게는 거부당했지만 후세로부터의 인정, 존경, 감사, 사랑을 갈망하니까요. 새로운 세대의 판사는 항소인에게 유리하든 그렇지 않든 이전 세대의 판결을 무효화하고 제대로 된 재판을 시작합니다.

시간은 지식과 판단을 자연스럽게 교정하는 힘이 있습니다. 예술, 과학, 실생활에서 발생하는 심각한 오류나 완전히 잘못된 정책이 실행되고 사람들의 찬사를 받는 경우에도 시간이 지나면서 분노를 누그러뜨리는 역할을 하게 됩니다. 이런 상황에서 화를 내거나 낙담하기보다는, 세상이 잘못을 인식하고 바로잡는 데 시간이 필요하다는 사실을 받아들여야 합니다. 결국, 시간이 흐르면 사람들이 처음에는 분명히 보지 못했던 오류를 스스로 깨닫게 될 테니까요.

진실이 그 자체로 강력한 증거를 가지고 있을 때는, 굳이 조급하게 말로 도울 필요가 없습니다. 시간이 천 개의 입이 되어 진실을 말해 줄 것입니다. 물론, 시간이 모든 것을 해결하기까지는 얼마나 걸릴지 알 수 없습니다. 그것은 문제의 복잡성과 오류의 뿌리가 얼마나 깊은지에 따라 달라집니다. 하지만 시간이 오래 걸리더라도 결국 진실은 드러나고, 잘못은 바로잡힐 것입니다.

예상과 조급함은 소용이 없습니다. 멍청한 사람들의 자신감은 맹목적이고 우스꽝스럽기까지 해서, 그 허세는 누구에게나 분명히 보입니다. 이런 사람들에게는 이렇게 말할 수 있겠지요. "더 과감하게 주장해 보세요. 우리는 더 좋아할 테니까요."

한때 대단한 명성을 누리다가 지금은 흔적도 없이 사라진 모든 변덕과 궤변들을 돌아보면 위로가 되기도 합니다. 문체, 문법, 철자와 같은 작은 요소에서는 잘못된 개념들이 겨우 몇 년 만에 사라지기도 하지만, 더 큰 잘못들은 우리의 짧은 인생 안에 바로잡히지 않을 만큼 오랜 시간이 걸리기도 합니다. 그럼에도, 시간이 가진 교정의 힘을 믿어야 합니다.

제8장

ON GENIUS
·
천재성

생계를 위해 머리를 쓰는 사람들과 지성의 목적으로 머리를 쓰는 사람들 사이의 차이는 사회적 계급, 지위, 또는 출생의 차이보다 훨씬 큽니다. 즉, 머리를 단순히 현실적인 삶의 수단으로 여기는 사람들과, "아니야! 나는 이 세상의 경이롭고 다양한 풍경과 현상을 이해하고, 그것을 나에게 맞는 어떤 형태로 다시 표현할 거야. 그것이 예술이든 문학이든 상관없어"라고 말하는 희귀하고 용기 있는 사람들 간의 간격은 매우 크다는 뜻입니다. 이러한 사람들이야말로 진정한 귀족입니다. 반면에, 나머지 사람들은 '땅에 얽매인' 농노들에 지나지 않습니다.

물론 여기서 내가 말하는 것은 단순히 머리를 현실적 문제 해결에 사용하는 것을 넘어설 수 있는 용기와 판단력, 그리고 권리를 가진 사람들입니다. 이들이 가진 재능이 작더라도 그것이 진짜라면, 이들과 일반 대중 사이에는 날카로운 경계선이 그어질 것입니다. 그 차이는 단순한 수치나 지위로는 설명할 수 없는 깊은 본질적인 간격입니다.[24]

천재와 평범한 사람의 관계는 다음과 같은 방식으로 이해할 수 있습니다. 천재는 두 가지 형태의 지능을 가지고 있습니다. 하나는 자기 자신과 자신의 의지를 위해 작동하는 지능이고, 다른 하나는 순수하게 객관적인 태도로 세상을 거울처럼 비추는 지능입니다. 천재가 창조하는 미술 작품, 시, 철학 등은 이 두 번째 지능이 작동하여 생겨난 사색의 결과물로, 전문적인 기술에 의해 구체화한 것입니다.

반면에 평범한 사람은 단 하나의 지능만을 가집니다. 이 지능은 주관적인 목적에 초점을 맞춘 것으로, 아무리 날카롭거나 뛰어나다

---

24 사물에 대한 개별적인 관점을 취하거나 보편적인 관점에 접근하는 정도는 지성의 위계를 조정하기 위한 올바른 척도를 제공합니다. 동물은 오직 개별적인 것 만을 인식하고 그 한계를 넘어서지 못합니다. 하지만 사람은 이성을 사용하여 개별적인 것을 축소하여 일반화합니다. 그의 지성이 더 높아질수록 일반화된 생각은 보편적인 개념에 가까워집니다.

고 해도 천재가 가진 '객관적인' 지능과 본질적으로 다릅니다. 주관적인 지능은 천재가 가진 이중 지능과 같은 수준에 이를 수 없습니다. 마치 낮은 음의 목소리가 아무리 높아져도 가성과 본질적으로 다르듯이 말이지요. 플루트의 높은음과 바이올린의 고음이 공기가 둘로 나뉘어 떨리는 방식으로 만들어지는 것처럼, 천재의 객관적 지능은 특별한 방식으로 작동합니다. 이런 특성은 천재성을 이해하는 데 중요한 단서를 제공합니다.

천재성은 그 사람이 만든 작품뿐 아니라 외모나 태도에도 나타납니다. 이러한 이중 지능은 종종 개인적인 의지나 삶을 살아가는 능력을 방해하기도 합니다. 그래서 천재는 실질적인 삶을 살아가는 데 부족함을 보이는 경우가 많습니다. 천재의 지능은 평범한 사람들에게서 흔히 보이는 절제되고 실용적인 기질과 다릅니다. 이는 천재를 특별하게 만드는 이유이기도 합니다.

두뇌는 신체의 일부로서 영양을 공급받지만, 신체의 내부 경제에 직접적으로 기여하지 않는 기생적인 특성이 있습니다. 이는 천재의 삶과도 비슷합니다. 위대한 정신적 재능을 가진 사람은 다른 사람들과 공통되는 개인적인 삶을 살아가면서도 동시에 지성의 영역에서 독립적으로 살고 있습니다. 이들은 학습, 실험, 사색을 통해 체계적인 지식과 통찰력을 끊임없이 확장하며, 운명과 개인적 삶의 한계를 초월한 더 높은 삶을 살아갑니다.

개인적인 삶은 단순히 이런 더 높은 삶을 이루기 위한 도구로 기능할 뿐입니다. 천재에게 있어 진정한 삶은 지식을 추구하고, 사고하며, 학습하고, 실천하는 과정 그 자체에 있습니다.

괴테는 이러한 독립적이고 내적으로 자율적인 삶을 살았던 훌륭한 예입니다. 그는 샹파뉴(Champagne)에서의 전쟁 중에도, 캠프 내에서 벌어지는 소란과 혼란 속에서도 색채 이론을 위한 관찰과 연구를 멈추지 않았습니다. 전쟁으로 인해 수많은 재앙이 닥쳤고, 한때 룩셈부르크 요새로 잠시 후퇴해야 하는 상황에서도 그는 《파르벤레레(Farbenlehre)》의 원고를 다시 들여다보며 자신의 연구를 이어갔습니다.

이처럼 세상의 혼란과 폭풍이 삶을 침범하고 흔들더라도, 우리는 자신의 자유로운 본성을 잊지 말아야 합니다. 우리는 노예의 자식이 아니라, 자유로운 인간의 자식이라는 것을 상기해야 하지요. 이런 모습은 바람에 세게 흔들리는 나무로 상징될 수 있습니다. 나무는 바람에 크게 흔들리지만, 그 나뭇가지에는 여전히 붉고 탐스러운 열매가 열려 있습니다.

흔들리는 동안에도 익어간다.
흔들리지만 열매를 맺는다.
(Dum convellor, mitescunt. Conquassata, sed ferax.)

괴테의 삶은 이런 면에서 이상적인 본보기라 할 수 있습니다. 그는 세상의 혼란과 바람 속에서도 흔들리지 않고 자신의 내면에서 열매를 맺으며 자유로운 의지와 창조성을 드러냈습니다.

인간의 순수하게 지적인 삶은 인류 전체의 지적 발전과 상응하는 모습을 가지고 있습니다. 우리가 실제로 경험하는 삶은 '의지'의 삶입니다. 이는 개인의 노력으로 지식을 증가시키고, 예술 작품을 완성하려는 욕구 속에서 드러납니다.

과학과 예술은 한 세대에서 다음 세대로 느리게 발전하며, 시간이 흐름에 따라 성숙해 갑니다. 인류의 삶은 이러한 과정을 통해 세상에 남기는 지적, 예술적 유산으로 풍요로워집니다. 그것은 마치 발효 과정에서 자연스럽게 피어오르는 달콤한 향기와 같으며, 의지가 지배하는 인류의 실제 삶을 반영합니다. 국가의 역사와 함께 철학, 과학, 예술의 역사는 끊임없이 새로운 길을 열어가며 인류를 이끌어 갑니다.

천재와 평범한 사람의 차이는 단순히 '양적인' 것이 아니라 '질적인' 차이도 내포합니다. 평범한 사람들은 비슷한 사건에 대해 동일한 방식으로 사고하고, 비슷한 결론에 도달하려는 경향이 있습니다. 이는 그들의 판단이 꾸준히 일치하는 이유를 설명해 줍니다. 하지만 이러한 일치가 항상 진실에 기반한 것은 아닙니다. 평범한 사람들에게는 특정한 근본적인 관점이 반복적으로 나타나며, 이는 각 세대에서 새롭게 제시됩니다. 반면에 천재들은 이러한 관점에 대해 공개적이거나 비밀리에 반대하는 경우가 많습니다.

천재의 마음속에서 세상은 마치 거울에 비치듯 선명하고 뚜렷하게 나타납니다. 이는 평범한 사람들의 시각보다 훨씬 더 깊이 있는 통찰력을 제공합니다. 인류는 천재들로부터 많은 것을 배울 수 있습니다. 특히, 가장 중요한 문제들에 대한 깊은 통찰력은 사물의 표면적인 관찰이 아니라, 전체적인 맥락에서 탐구함으로써 얻을 수 있습니다. 천재의 통찰력은 시간이 흐름에 따라 무르익어 가르침으로 전달되고, 이는 다양한 형태로 전파됩니다.

결과적으로, 천재성은 사물에 대한 명확한 인식과 더불어 사물에 반대되는 자기 자아에 대한 인식을 통해 정의됩니다. 천재는 자신이 보고 느끼는 세계를 보다 선명하고 정밀하게 이해하며, 이를 바탕으로 세상을 재구성하여 인류에게 가르침을 제공합니다.

천재는 세상으로부터 기대를 받는 특별한 존재입니다. 그러나 천재성이 세상에 드러나기 위해서는 여러 유리한 조건이 겹쳐야만 합니다. 이는 아주 드문 일이며, 마치 백 년에 한 번 정도 정상적인 범위를 넘어서는 지성을 가진 사람이 태어나는 것과 같습니다. 이러한 현상은 의지로 조절할 수 없는 우연적인 사건이지요.

천재는 대중의 무지와 질투 때문에 종종 오랫동안 인정받지 못하고, 제대로 된 평가도 받지 못할 수 있습니다. 하지만 천재가 한 번 세상에 알려지면 수많은 사람들이 그의 작품과 가르침에 몰려들게 됩니다. 사람들은 천재가 어두운 세상을 밝혀주고, 삶의 본질에 대한 중요한 통찰을 나누어 줄 것을 기대합니다. 천재의 메시지는 종종 계시처럼 받아들여지며, 그는 평범한 인간을 넘어선 존재로 여겨지기도 합니다. 비록 그의 천재성이 평범한 기준을 약간 넘어서는 정도라고 하더라도 말입니다.

그러나 천재 역시 기본적으로 자신을 위해 존재합니다. 그의 본성상 필수적인 요소이지요. 천재적인 사람이 다른 사람들을 위해 존재하는 것은 부차적인 문제이며, 이는 우연의 산물일 뿐입니다. 설령 천재로부터 무언가를 배운다 해도, 사람들이 얻을 수 있는 것은 그의 성찰 정도입니다. 그것도 천재가 자신의 생각을 다른 사람들에게 직접 전달할 때만 가능합니다. 하지만 천재가 전달한 생각은 일반 사람들에게 이질적인 경우가 많아, 쉽게 받아들여지거나 자리 잡기 어렵습니다.

독창적이고 비범하며, 영원히 사라지지 않을 생각을 만들어내기 위해서는 사물의 세계에서 잠시라도 벗어나는 경험이 필요합니다. 평범한 것들이 새롭고 낯설게 보이는 시각을 가져야 하지요. 이 과정을 통해 사물과 사건들의 진정한 본질이 드러날 수 있습니다. 하지만 이것은 노력으로 이루어질 수 있는 일이 아닙니다. 이는 천재가 가진 특별한 능력의 영역이기 때문입니다.

천재성은 혼자 힘으로 창조적인 생각을 만들어내는 독특한 능력입니다. 마치 여성이 혼자 아이를 낳을 수 있는 것처럼, 천재성은 외부의 도움 없이 독창적인 아이디어를 탄생시킬 수 있습니다. 외부 환경은 천재성을 풍요롭게 하고 발전시키는 역할을 해야 합니다. 이는 아버지가 자식에게 영향을 미치듯, 외부 환경이 천재에게 도움을 주는 것과 같습니다.

천재성은 빛을 내뿜는 보석인 카벙클(carbuncle)처럼 스스로 빛을 발합니다. 반면에 평범한 사람들은 그저 빛을 반사할 뿐입니다. 천재가 스스로 에너지를 만들어내는 전기체라면, 평범한 사람은 에너지를 전달하는 전도체라고 할 수 있습니다.

배운 것을 가르치며 일생을 보내는 지식인은 천재와는 다릅니다. 스스로 에너지를 생성하는 전기체는 단순히 에너지를 전달하는 전도체와 같지 않으니까요. 천재성은 노래의 가사와 같은 존재입니다. 지식인은 많은 것을 배운 사람일 뿐이지만, 천재는 아무에게서도 배울 수 없는 독창적인 지혜를 만들어내는 사람입니다.

위대한 정신의 소유자는 수백만 명 중 한 명에 불과하며, 이들은 인류에게 등대와 같은 존재입니다. 이들이 없다면, 인류는 오류와 혼돈 속에서 길을 잃고 방황할 것입니다. 천재는 자신의 창의력으로 세상을 비추고 방향을 제시합니다.

반면에 평범한 지식인, 특히 교수와 같은 사람들은 천재를 단순히 연구나 학습의 대상으로 여깁니다. 천재는 살아있는 동안 그저 관찰되고, 분석되고, 사냥감처럼 다루어질 뿐입니다.

　동시대 사람들로부터 즉각적인 감사와 인정을 받기를 원한다면, 그들의 속도와 수준에 맞춰야 합니다. 하지만 위대한 업적은 그런 방식으로는 이루어지지 않습니다. 위대한 업적을 남기고 싶다면, 후세를 위해 자신의 작품을 정교하게 다듬고 완성해야 합니다. 그러므로 동시대 사람들에게 전혀 인정받지 못할 가능성을 받아들여야 합니다. 이는 위대한 천재들이 감내해야 하는 현실이며, 그들이 남긴 작품은 결국 시간이 지나 후세에 가서야 제대로 평가받게 됩니다.

　천재를 외딴섬에서 평생을 보내며 그곳에 기념비를 세우는 사람에 비유할 수 있습니다. 이 사람은 자신의 기념비가 미래에 섬을 방문하는 사람들에게 자신의 존재를 알리기를 바라지만, 살아 있는 동안에는 아무도 그 기념비를 보지 못합니다. 이는 외롭고 가혹한 운명처럼 보일 수 있습니다.

　그러나 실생활의 목적을 위해 일생을 보내는 평범한 사람의 삶을 생각해 보세요. 그는 평생 무언가를 만들고, 돈을 벌고, 물건을 사고, 집을 짓고, 밭에 거름을 주는 등 자신을 위해 일한다고 믿습니다. 하지만 결국 그가 한 모든 일의 혜택은 후손들이 누리게 됩니다. 때로는 후손조차 그 혜택을 누리지 못할 수도 있습니다. 천재성의 소유자도 비슷한 처지에 있습니다. 그 역시 보상이나 최소한의 명예를 기대하지만, 결국 자신의 노력과 성취가 후세를 위한 것이었다는 것을 깨닫게 됩니다. 이것은 인류가 이전 세대들로부터 많은 것을 물려받아 왔다는 사실을 상기시켜 줍니다.

천재성의 특권이라 할 수 있는 보상은 다른 사람이 아닌 천재성 그 자체에 주어지는 것입니다. 만약 어떤 사람의 생각이 수 세기 동안 세상을 울리고 영향을 끼친다면, 그 사람보다 더 오래 산 사람이 있을까요? 천재의 가장 큰 삶의 기쁨은 외부의 방해 없이 자신의 생각과 작품을 즐기는 것, 그리고 자신의 엄청난 유산을 후세가 받아들이도록 하는 데 있을 것입니다. 세상은 천재의 죽음 후에야 비로소 그의 존재를 깨닫고, 마치 화석의 흔적을 발견하듯 그의 업적을 이해하게 됩니다.

천재는 단순히 가장 높은 수준의 능력에서만 평범한 사람을 초월하는 것이 아닙니다. 그들은 모든 활동에서 뛰어난 유연성과 민첩성을 보여주며, 이로 인해 다른 사람들과 차별화됩니다. 예를 들어, 곡예사나 무용수라면 누구도 따라 할 수 없는 도약을 선보이는 것은 물론이고, 누구나 할 수 있는 간단한 동작에서도 놀라운 탄력성과 민첩성을 드러냅니다. 심지어 평범한 걸음걸이에서도 그들의 독특함이 느껴지지요.

이와 마찬가지로, 탁월한 지성을 가진 사람은 다른 사람들이 도달하지 못하는 생각과 작품을 만들어냅니다. 이들은 문제를 해결하고 지식을 넓히며, 재치 있는 생각을 탐구하는 과정에서 깊은 만족감을 느낍니다. 지적 활동은 그들에게 자연스럽고 쉬운 일이기 때문에, 그 과정 자체에서 큰 즐거움을 얻습니다. 천재의 정신은 끊임없이 활동하며, 그 활동이 목적 그 자체가 됩니다. 이는 끝없는 즐거움의 원천이며, 평범한 사람들이 종종 겪는 지루함은 천재에게는 존재하지 않습니다.

천재들이 만든 위대한 작품들은 그들 자신에게만 온전하고 깊은 의미를 가집니다. 평범한 사람에게 그런 작품을 추천하는 것은 통풍 환자를 무도회에 초대하는 것과 같습니다. 그들은 형식적인 예의나 주변에 뒤처지지 않기 위해 책을 읽지만, 작품의 진정한 가치를 이해하지 못합니다. 라 브뤼예르(La Bruyère)가 말했듯이, "세상의 모든 재치는 그것을 이해할 수 없는 사람에게는 아무것도 아닙니다." 천재와 평범한 사람의 사고를 비교하면, 천재의 사고는 생동감 넘치는 유화처럼 다채롭고 깊이가 있습니다. 반면 평범한 사람의 사고는 흐릿한 수채화나 간단한 스케치에 불과합니다.

이 모든 것은 공감대를 찾기 어려운 세상에서 외롭게 살았던 천재에게 주어진 보상입니다. 그 보상의 크기는 상대적일 수밖에 없습니다. 이를테면, "카이우스는 거대한 사람이다"라고 말하거나, "카이우스는 보잘것없고 작은 사람들 사이에 살아야 한다"라고 말하는 것은 결국 같은 의미를 내포합니다.

브로브딩낵(Brobdingnack)과 릴리풋(Lilliput)[25]은 시작점만 다를 뿐, 결국 같은 본질을 공유합니다. 아무리 위대하고 찬사를 받으며, 영원히 기억될 작품을 남긴 인물이라 하더라도, 그가 살던 시대의 사람들에게는 상대적으로 평범하거나 심지어 하찮게 보일 수 있습니다.

내가 강조하고 싶은 점은 탑의 기초에서 정상까지 300개의 계단이 있듯, 정상에서 기초까지도 똑같이 300개의 계단이 있다는 사실입니다. 이는 위대한 정신을 가진 사람들이 작고 평범한 정신을 가진 사람들을 관대하게 대해야 하는 이유를 설명해 줍니다. 위대한 인물들이 위대해질 수 있는 것은 바로 이러한 평범한 사람들 덕분이라는 사실을 잊지 말아야 하기 때문입니다.

---

25 조너선 스위프트가 쓴 걸리버 여행기에 나오는 나라들. 브로브딩낵은 북아메리카에 붙어있는 반도로 평균 30m의 거인들이 사는 곳이고 릴리풋은 난쟁이의 나라입니다.

천재들이 대개 사교적이지 않은 것은 결코 놀랄 일이 아닙니다. 이들의 사교성 부족을 비난해서도 안 됩니다. 천재들이 세상 속으로 나가는 모습은 마치 맑고 밝은 여름 아침에 산책을 나서는 것과 비슷합니다. 자연의 아름다움과 신선함을 감탄하며 바라보지만, 그것만으로도 충분한 기쁨을 얻습니다. 그러나 그들이 만날 수 있는 사람들은 땅을 일구는 농부들뿐입니다. 위대한 정신을 가진 사람들은 종종 세상과 대화하기보다는 자신과 독백하는 것을 더 선호합니다. 설령 대화를 나눈다고 해도 그 대화의 공허함에 실망하여 다시 독백으로 돌아가곤 하지요. 대화 상대가 자신을 이해하든 말든 크게 신경 쓰지 않고, 마치 아이가 인형과 이야기하듯 자신에게 말합니다.

위대한 정신을 가진 이들의 겸손은 세상에 기쁨을 줄 수 있는 덕목으로 여겨질 수 있습니다. 불행히도 이런 겸손은 스스로 모순되는 개념입니다. 천재적인 사람에게 자신의 생각과 의견을 포기하고 대중의 의견을 따르도록 강요하거나, 수준의 차이를 무시하고 평범함에 맞추라고 요구한다면 아무리 뛰어난 천재라도 결국 아무것도 창작하지 못할 것입니다. 또는 그들이 만든 결과물조차 평범한 수준에 머물겠지요.

위대하고 진정성 있으며 독창적인 업적은 오직 천재가 동시대의 관습, 사고방식, 대중적인 의견을 무시하고, 비판에도 굴하지 않고 자신의 길을 꾸준히 걸어갈 때만 이루어집니다. 대중이 찬양하는 것을 의식하지 않고, 자신만의 진리를 고수하며 작업해야만 합니다. 이러한 태도는 대중의 눈에는 오만하게 보일지 모르지만, 이 오만함 없이는 위대함도 존재할 수 없습니다. 비록 동시대 사람들이 천재의 업적을 제대로 평가하지 못하더라도, 천재는 자신에게 진실할 수 있습니다.

돈이 남아돌 만큼 여유로운 사람이 드문 것처럼, 지성도 대부분의 사람에게는 단지 기본적인 필요를 충족시키는 데에 그치는 수준만 있는 경우가 많습니다. 즉, 자신의 일을 하고, 일상적인 문제를 해결할 정도의 지성을 가지고 있을 뿐이지요. 이런 사람들은 필요한 재산을 모은 뒤에는 감각적인 즐거움이나 단순한 오락에 빠져듭니다. 카드놀이, 주사위, 혹은 겉모습을 치장하고 사교적인 대화를 나누는 활동에서 만족을 찾습니다.

반면에, 지성의 힘이 남아 있는 사람들은 자신만의 방식으로 즐거움을 추구합니다. 이들이 찾는 즐거움은 다름 아닌 지성의 즐거움입니다. 직접적인 이익이나 물질적인 보상을 기대하지 않고, 교양 학문을 탐구하거나 예술적인 활동에 몰두합니다.

이런 지적인 사람들은 사물의 본질에서 객관적인 재미를 느끼고, 이를 바탕으로 의미 있는 대화를 나눌 수 있습니다. 그러나 그 외의 사람들과 깊이 관계를 맺기보다는 오히려 거리를 두는 것이 좋습니다. 대부분의 사람과 나누는 대화는 개인적인 경험을 공유하거나 직업과 관련된 이야기를 전하는 경우를 제외하면 큰 의미가 없기 때문입니다.

지적인 사람들에게 무엇인가를 말해도, 대다수는 그것의 본질적인 의미를 파악하지 못하거나 이해하려고 노력하지 않습니다. 더욱이 천재가 전하는 통찰이나 의견은 그들의 기존 생각과 대부분 상충하기 때문에 받아들이기 힘들어합니다. 스페인의 철학자인 발타자르 그라시안(Balthazar Gracian)은 이런 사람들을 두고 "사람이 아닌 사람들"이라고 강렬하게 표현했습니다. 이탈리아 철학자인 조르다노 브루노(Giordano Bruno)도 비슷한 맥락에서 이렇게 말합니다. "진정한 인간과, 인간을 닮은 그림으로 만들어진 존재의 차이가 얼마나 큰가!"[26]

이 구절은 쿠랄(kurral)에서 언급된 내용과 아주 조화롭게 어울립

---

26 리하르트 바그너가 편집한 오페라 작품집, 1. 224

니다. "대중은 사람처럼 보이지만 나는 그들과 같은 것을 본 적이 없다"는 말은 인간 본성의 한계를 통찰력 있게 드러내지요. 시대와 국적이 다양하지만 이런 개념들이 여러 철학자와 사상가의 생각과 표현에서 반복적으로 등장한다는 사실은, 이것이 진실에 가까운 통찰이라는 것을 보여줍니다.

그런데도 우리는 공정함을 유지하려고 노력해야 합니다. 나는 종종 개의 영리함에 감탄하지만, 가끔은 그들의 어리석은 행동에도 놀랄 때가 있습니다. 사람들에게서도 이와 비슷한 경험을 하게 됩니다. 어떤 때는 그들의 무능함, 분별력 없음, 심지어는 짐승 같은 행동에 화가 나고 실망하기도 합니다.

그러나 이러한 반응은 오랜 세월 동안 인간의 본성을 두고 많은 사람들이 느껴왔던 불평을 반복하는 것일 뿐입니다. "어리석음은 인류의 어머니이자 간호사"라는 표현은, 인간의 한계를 인정하면서도 그 안에 깃든 가능성을 포기하지 않는 태도를 상기시켜 줍니다.

인류가 예술과 과학에서 이룩한 놀라운 업적을 생각해 보면 경이로움을 느끼지 않을 수 없습니다. 비록 소수의 사람에 의해 만들어졌지만, 그 결과물은 유용하고 아름다운 것으로 가득 차 있습니다. 이러한 예술과 과학은 시간이 흐르며 뿌리를 내리고, 성장하며, 완성되었습니다. 특히 인류는 호머, 플라톤, 호라티우스와 같은 위대한 인물들의 작품을 수천 년 동안 보전하며 그 가치를 잃지 않았습니다. 전쟁, 악행, 잔혹함으로 가득했던 시대에도 이들의 글은 소중히 여겨져 옮겨 적히고 간직되었지요. 이는 인류가 이런 업적들의 가치를 인식하고, 이를 올바르게 판단할 지성과 통찰력을 가지고 있음을 보여줍니다.

대중의 평가가 종종 올바른 방향으로 이루어질 때도 있습니다. 하지만 이런 평가는 대개 영감의 순간에, 즉 사람들의 찬사가 여기저기 울려 퍼질 때 나타나는 현상입니다. 비록 대중의 목소리가 훈련되지 않은 합창처럼 들릴지라도, 많은 사람이 모인 곳에서는 충분히 조화로운 화음을 만들어냅니다.

천재라고 불리는 사람들은 바로 이러한 대중 속에서 드러나는 특별한 존재들입니다. 이들은 인류 전체의 "빛나는 간격"이라고 부를 만합니다. 그들이 이루어내는 업적은 다른 사람들이 도달할 수 없는 경지에 있기 때문입니다. 이들의 독창성은 너무도 분명해서, 개성은 강렬하게 드러나며, 각자 고유한 성격과 사고방식을 보여줍니다. 지금까지 존재했던 모든 천재는 서로 다른 독특한 특징을 가지고 있으며,

그들의 작품은 인류에게 주는 고귀한 선물이라 할 수 있습니다.

자연이 천재를 만든 후에는 그 거푸집을 부숴버린다는 아리오스토(Ariosto)의 비유는 이러한 천재들의 유일무이함을 설명하는 데 더없이 적절합니다. 이 비유는 천재가 남긴 작품과 그들의 특별한 존재가 정당한 이유로 찬양받아야 함을 잘 보여줍니다.

자연이 그를 만든 다음에 거푸집을 깨뜨렸다.
(Natura lo fece e poi ruppe lo stampo.)

인간의 능력에는 본질적으로 한계가 있으며, 약점 없는 천재는 존재하지 않습니다. 심지어 지적인 한계가 있을 수도 있어요. 이는 평범한 사람들보다 특정 영역에서 열등하다는 것을 의미하며, 그 약점이 매우 두드러진다면 오히려 탁월한 재능을 방해하는 요소가 될 수도 있지요. 그러나 이 약점이 무엇인지 정확히 정의하기는 항상 어렵습니다. 오히려 간접적으로 설명하는 것이 더 효과적입니다. 예를 들어 플라톤의 약점은 아리스토텔레스의 장점일 수 있으며, 그 반대의 경우도 마찬가지입니다. 마찬가지로 칸트의 부족함이 괴테의 강점일 수 있습니다.

인간은 본질적으로 무엇인가를 숭배하려는 경향이 있습니다. 하지만 때로는 그 대상이 잘못되기도 하고, 후대가 이를 바로잡기 전까지는 이런 숭배가 지속되기도 합니다. 이런 현상은 종교적인 숭배에서 자주 목격됩니다. 신앙인들이 성인의 삶과 가르침에 대해 깊이 알지 못한 채 성인의 유물에 천박한 숭배를 보내는 모습이 그러합니다. 기독교에서는 성인의 행적보다는 그의 유물에 집착하는 경우가 많고, 불교에서는 부처의 고귀한 가르침이나 실천보다 성스러운 이빨, 화석 발자국, 또는 부처가 심은 나무와 같은 상징적인 것들에 더 많은 경외심을 표합니다.

이런 현상은 위대한 천재들에 대한 숭배에서도 나타납니다. 예를 들어, 페트라르크의 집(아르쿠아), 타소의 감옥(페라라), 셰익스피어의 스트랫퍼드 집과 그의 의자, 괴테의 바이마르 집과 가구, 칸트의 낡은 모자, 또는 위대한 사람들의 서명과 같은 사소한 물건들이 대중의 관심을 끕니다. 정작 이런 물건을 숭배하는 많은 사람들은 그들의 작품을 한 번도 제대로 읽어보지 않았을 가능성이 큽니다. 그들은 단지 작가의 유품을 관람하는 것에 만족할 뿐입니다.

지적인 사람 중 일부는 위대한 인물이 사용했던 물건들을 보고 싶어 하고, 그것에서 어떤 감동을 느낍니다. 이들은 그러한 물건이 위대한 사람을 되살리거나, 혹은 그의 일부가 그 물건에 남아 있을 것이라는 환상과 잘못된 믿음을 가지고 있어요. 이와 더불어 시인의 작품에서 표현된 주제를 더 깊이 이해하려고 노력하며, 작품의 특정한 구절에 영향을 미친 개인적인 환경이나 사건을 시인의 삶에서 찾아내려고 합니다. 이런 행동은 마치 극장에서 아름다운 장면을 감상하다가, 그 장면이 어떻게 연출되었는지 알기 위해 무대 뒤편의 기계와 지지대를 확인하러 달려가는 것과 같습니다.

오늘날 이런 비판적 탐구자들의 사례는 수없이 많습니다. 이들은 작품의 형식이나 표현 방식을 깊이 있게 다루기보다는, 작품의 줄거리나 주제에만 주목합니다. 이는 인간이 본질적으로 주제에 관심을 가지는 경향이 있다는 점을 보여줍니다. 철학자의 사상을 공부하지 않고 그의 전기만 읽는 것은, 마치 그림을 무시하고 그림을 둘러싼 액자에만 주의를 기울이는 것과 같습니다. 액자가 잘 만들어졌는지, 금박이 얼마나 들었는지 따지면서 정작 작품 자체는 놓치는 것이지요.

이 모든 것은 어느 정도 자연스러운 일이지만, 또 다른 부류의 사람들이 있습니다. 이들은 역시 물질적이고 개인적인 것들에 관심을 두지만, 그 관심이 점차 무의미하고 비생산적인 영역으로까지 확장됩니다. 위대한 인물들이 가장 깊은 곳에서 발굴한 보물과 최고의 재능과 노력을 기울여 만든 작품들을 마주하면서도 이들은 본질적인 깨달음을 얻지 못합니다. 이러한 작품들은 단순히 그들의 정신을 북돋 어서 높이는 것을 넘어 더 넓은 세대에 걸쳐 깨우침과 영향을 미칩니 다. 그러나 이 하찮은 사람들은 작가의 개인적인 도덕성을 판단하는 데에만 몰두합니다.

이들은 자신의 내면의 공허함을 이겨내지 못한 채, 위대한 정신의 존재가 가져다주는 고통을 덜기 위해 여기저기에서 위안을 찾습니 다. 이는 본질적으로 그들의 한계를 드러내는 행동이며, 위대한 작품 과 인물들이 지닌 가치를 제대로 이해하지 못하는 태도입니다. 이러 한 사람들의 시선은 작품의 본질에서 멀어져 작가의 사소한 개인사 나 윤리적 결점에만 매달리는 잘못된 방향으로 흐릅니다.

재능 있는 사람이라면 돈이나 명예를 추구할 수 있겠지만, 천재성 이 위대한 작품으로 이어지는 근원은 그런 단순한 동기로 설명할 수 없습니다. 천재성의 발현은 부나 명예, 영광과 같은 보상 때문이 아닙 니다. 영광이라는 것은 본질적으로 매우 불확실한 것이니까요. 영광 을 더 깊이 들여다보면 그것이 실제로 가진 가치는 거의 없다는 것을 알게 됩니다. 더구나 영광은 많은 경우 노력과도 일치하지 않습니다.

고대로부터 내려오는 라틴어 격언은 이 사실을 잘 표현하고 있습니다.

보상은 결코 노력에 비례하지 않는다.

(Resposura tua nunquam est par famae labori.)

천재성의 본질은 단순히 외적 보상을 목표로 하는 것이 아니라, 내적 동기에서 비롯된다는 점은 매우 중요합니다. 천재는 자신의 작품을 통해 얻는 즐거움이나 외부의 칭찬 때문이 아니라, 그 안에 자리한 독특한 본능에 따라 창작 활동을 합니다. 마치 나무가 열매를 맺는 것이 자연의 필연성인 것처럼, 천재성도 그런 본질적인 필연성을 따릅니다. 천재에게 필요한 것은 오직 작품이 자랄 수 있는 환경, 즉 창작의 기회뿐입니다.

천재성은 인간의 정신이 삶의 의지를 더 명확히 깨달은 결과라고 할 수 있습니다. 천재는 자신이 깨달은 진리를 인류 전체를 위해 보존하거나, 더 나아가 이를 초월하려고 노력합니다. 왜냐하면, 천재의 가장 깊은 본질도 결국 인류에 속하기 때문입니다. 천재가 자신의 빛을 통해 평범한 사람들의 의식을 밝히는 것은 단순한 지적 유희가 아니라 그들의 삶에 좋은 결과를 가져다주는 행동입니다.

천재는 이러한 본능에 따라 보상이나 찬사를 기대하지 않고 작품을 완성합니다. 개인적인 복지나 안락함을 고려하지 않고, 고립되고 근면한 삶을 통해 자신의 능력을 극한까지 밀어붙입니다. 이는 천재가 자신의 동시대 사람들보다는 후대를 더 중요하게 생각하기 때문입니다. 동시대 사람들은 천재의 길을 방해할 수 있지만, 시간이 흐르면 인류의 다수는 결국 후대의 사람들이 차지하게 됩니다.

시간이 지나면서 천재성을 이해할 판단력 있는 소수의 사람이 서서히 등장합니다. 괴테(Goethe)가 묘사했듯, 천재는 자신을 지원할 거대한 후원자도, 자신의 성취를 진심으로 기뻐할 친구도 없이 오롯이 자신의 재능과 내적 필연성에 의존해 살아갑니다. 그러나 그의 작품은 시간을 넘어 후대에서 인류의 빛나는 유산으로 자리 잡게 됩니다. 그는 이렇게 밝힌 바 있습니다.

재능을 귀하게 여겨줄 군주도,

나와 함께 기뻐할 친구도,

불행히도 나에게는 아무도 없다.

천재의 작품은 단순한 창작물이 아니라, 인류의 진정한 자산이자 삶의 본질적인 열매로 볼 수 있습니다. 그의 작품을 더 깊이 이해하고 소중히 여길 안목을 가진 후대에게 전하는 것은 단순한 개인적인 성취를 넘어, 인류 전체를 위한 선물이 됩니다. 이는 다른 모든 목표를 초월한, 가장 숭고한 사명이라 할 수 있습니다.

천재는 자신의 작품이 현재에는 오해받거나 평가절하될지라도 언젠가는 진정한 가치를 인정받으리라는 믿음을 가지고 있습니다. 지금은 고난과 희생의 상징인 가시로 만든 왕관을 쓰고 있지만, 결국 월계관으로 다시 꽃피울 날을 기다립니다. 천재는 이런 믿음을 바탕으로 자신의 작품을 완성하고 후대에 전달하기 위해 끝없는 노력을 기울입니다.

그의 모습은 마치 곤충이 자신의 새끼를 위해 마지막 단계를 준비하는 것과도 같습니다. 곤충은 자신의 새끼가 태어나기 전에 알을 안전한 장소에 두고, 새끼들이 필요로 할 먹이를 미리 준비합니다. 이렇게 모든 것이 완벽하게 준비되었을 때, 비로소 안심하고 생을 마감합니다.

옮긴이의 말

    중국 송나라 시대의 문인이었던 구양수는 글을 잘 쓰기 위해서는 다독(多讀), 다작(多作), 다상량(多商量)해야 한다고 했습니다. '많이 읽고', '많이 쓰고', '많이 생각하라'는 의미입니다. 구양수가 글을 잘 쓰기 위해서는 읽고, 쓰고, 생각하는 순서로 훈련할 것을 의미하는 것인지는 모르겠지만 우리는 흔히 글을 쓰기 위해서는 많이 읽어야 한다고 배워왔습니다.

    이 책에서 쇼펜하우어는 글을 잘 쓰기 위해서는 작가로서 자신의 생각과 의지가 가장 중요하다고 말하고 있는데 굳이 순서를 정한다면 다상량, 다작, 다독해야 한다는 것입니다. 의미 없이 습관적으로 많이 읽는다는 것은 자신의 머릿속을 남의 생각으로 가득 채우는 것과 다름이 없습니다.

    또한 글로써 밥벌이하는 자들이 너무나 많다고 개탄했습니다. 19세기를 살았던 현인은 매체의 홍수 속에서 허우적거리고 있는 이 시대를 비판하고 있습니다. 역시 그가 말한 대로 위대한 작품은 시공을 초월하는 가르침을 줍니다. 그는 시대를 앞선 위대한 작품은 그 시대에서는 제대로 평가할 사람이 없다고 주장합니다. 시대를 앞선 사람은 언제나 시기와 질투의 대상이었기 때문입니다. 글쓰기 기술자들의 현란한 말에 사로잡힌 일반 대중들은 진정으로 위대한 작품을 알아볼 수 없다는 것입니다. 간혹 위대한 작품을 알아보는 사람이 나타나면 지적 허영심으로 호들갑을 떱니다. 그래서 위대한 작품은 후대를 위한 소중한 자산입니다.

이 책에서 쇼펜하우어는 그가 살던 시대의 문학계에 만연했던 비겁함을 거침없이 비판하고 있습니다. 그의 비판이 200년이 넘게 지난 지금도 우리의 폐부를 찌르고 있습니다. 쇼펜하우어의 위대한 정신과 대화할 좋은 기회를 놓치지 않기를 바랍니다.

쇼펜하우어의 글쓰기 철학

1판 1쇄 인쇄 2025년 3월 5일
1판 1쇄 발행 2025년 3월 10일

지은이 아르투어 쇼펜하우어
옮긴이 오광일
펴낸이 이윤규

펴낸곳 유아이북스
출판등록 2012년 4월 2일
주소 서울시 용산구 효창원로 64길 6
전화 (02) 704-2521
팩스 (02) 715-3536
이메일 uibooks@uibooks.co.kr

ISBN 979-11-6322-164-7 (03160)
값 16,800원